Cáncer,

Mi Mejor Maestro

7 recursos poderosos para superar el diagnóstico de cáncer

Por Mary Luz Bruno Pérez

Coach Integral de Vida

ISBN: 9781737887508

Índice

Agradecimientos

Realizar este libro comenzó como un diario donde escribiría mis experiencias durante el proceso de citas y resultados de los tratamientos de cáncer. La idea era mientras pasaba por el proceso ir investigando sobre el tema los tratamientos y experiencias de otras personas con la enfermedad. En ocasiones abandonaba escribir por los dolores y procesos, pero volvía cuando recuperaba las fuerzas. Ha sido una larga travesía de mucho dolor y crecimiento en mi vida. Ha sido escrito y listo en el momento preciso ni antes ni después. Me siento muy agradecida con muchas personas que a través de este tiempo de una u otra forma han contribuido con su ayuda y apoyo a la realización de este proyecto hecho palabra. Primero quiero agradecer a Dios por cada día concedido en salud y energía, por la creatividad que pensaba no tener, por cada pensamiento que emergió desde lo más profundo de mi ser. Quiero agradecer a Beatriz Dones Jiménez, mi terapeuta y acompañante de camino por su guía y apoyo. A Natalia Canceco por su apoyo y coaching. Agradezco a mi amiga Susan Cruz Roche por su ayuda incondicional. Agradezco a esas personas que ayudaron con la encuesta y a las que en el día a día me facilitaron la vida mientras leía o escribía. Gracias a todos por su amor manifestado en apoyo y cooperación en esta meta.

Cáncer, Mi Mejor Maestro

Agradezco a la Academia de Coaching Americana por la oportunidad de aprender y aportar a mi desarrollo como persona mediante sus conferencias y cursos de coaching.

Agradezco también a esas personas mágicas que han sido conductores de puertas abiertas en la publicación de este libro por su ayuda que no tiene límites de bondad: Juan F. Vissepó por su amistad, apoyo e incondicionalidad. Dannetzi Alvarado Robles por su ayuda desinteresada y su apoyo, Carmen Solá por su apoyo y amistad, Diane Taylor por su interés en el libro y generosidad, y mi editor Jorge L. Hernández Caballero. Agradezco a Abnel González, ABNEL PHOTO STUDIO por la foto de la portada. He sido bendecida con cada uno de ellos en mi vida. Agradezco a mis doctores, Dr. Víctor Marcial Vega, Dr. Raúl Morales Borges y Dr. Roberto Román, por su apoyo, han sido bendición en mi vida.

De la misma forma, quiero agradecer a mi familia Pérez, a ex compañeros de trabajo y en especial, a mis amigas Glenda Soto, Enid Barreiro y Dayra Crespo por su apoyo personal en sus colectas para aportar a mis tratamientos de vitamina C intravenosa. Igualmente agradezco a todas las personas que compraron mis libros de recetas de cocina en formato PDF y los que cooperaron participando en las rifas.

Cáncer, Mi Mejor Maestro

Dedico este libro a mis hijos Marisol, Michael y Violeta. A mi madre fallecida de cáncer de pulmón hace trece años, a mi padre Israel Bruno Cruz y a mi hermano Israel Bruno Pérez. Con el mismo énfasis dedico este libro a todos aquellos que de una u otra forma han sido parte de mi vida y han estado presente apoyándome, dándome aliento, aportando y orando por mí. En especial no puedo dejar de agradecer a mis primos Carlos Pérez Corchado, Gregorio Pérez Hoffler y Noelia Pérez García por su ayuda para costear muchas veces mis tratamientos. Agradezco a mi amiga Ivelisse Arias De la Torre por sus proyectos para ayudarme a recaudar fondos. Agradezco a José Chevez por su amor incondicional, por estar presente y apoyándome en momentos buenos y difíciles. Cada uno de ustedes ha llegado en el momento preciso y me ha hecho experimentar la sincronía perfecta. Para todos ustedes que oran por mí todo mi amor.

Ustedes son la manifestación del amor que Dios siente por mí.

¡Gracias, gracias, gracias!

Prefacio

En la vida hay opciones, soluciones, enseñanzas, y aprendizaje a todas las situaciones y circunstancias que se nos presentan. Pero cuando una enfermedad mortal se apodera de nuestro cuerpo y de nuestra vida se nos puede cerrar el mundo. Nos paraliza, perdemos la fe, no vemos o conocemos las alternativas que tenemos, y en muchos casos, terminamos de brazos caídos sin saber cómo comenzar a dar el próximo paso hacia nuestra vida. Entendamos que somos los arquitectos de nuestras vidas y que somos nosotros quienes decidimos como construirla y vivirla.

En una sociedad que es dominada por la medicina química y la gran industria farmacóloga no es común escuchar de métodos fuera de lo tradicional. Es raro encontrar un médico que tenga empatía con su paciente, que lo escuche y opte por un plan de acción que beneficie al paciente y no a él, ni al sistemático capitalismo que produce hoy día las grandes industrias de medicamentos químicos. Las próximas páginas nos revelan a través de las experiencias vividas de Mary Luz Bruno Pérez que sí, existen otras alternativas, herramientas, y métodos que te ayudaran a lograr tus objetivos, a manejar y superar el cáncer. Esta protagonista es estudiante de su mejor maestro, el cáncer.

Cáncer, Mi Mejor Maestro

Conocí a Mary Luz durante un día de playa; yo había escuchado anteriormente cosas maravillosas de ella a través de nuestro gran amigo Juan "Juanchis" Vissepó. Cuando la conocí, su vibra, su entusiasmo por la vida y la naturaleza, su perseverancia, humildad, y su gran sentido de agradecimiento me conmovió. Desde ese entonces; hemos estado entrelazadas en esta experiencia humana donde triunfa la amistad, el amor incondicional por el prójimo, y amor a la vida.

No cabe duda de que las experiencias vividas, la evolución, el crecimiento, los logros, las batallas, y sobre todo el estudio de información recopilada que Mary Luz nos comparte serán de gran enseñanza, utilidad, motivación, y crecimiento. No sólo para el que vive la experiencia de ser paciente, pero para los hijos, padres, esposos, amistades, y todo aquel que desee conocer la experiencia de vida de un paciente con cáncer y sus enseñanzas.

Dannetzi Alvarado Robles

San Juan, Puerto Rico

Noviembre 2020

Introducción

Este libro nace de un profundo deseo por compartir los conocimientos y herramientas aprendidas a través de mi proceso de crecimiento personal durante los últimos tres años como paciente, coachee, y estudiante de coach de vida integral. En adición, contiene información útil sobre las investigaciones realizadas de los diferentes tratamientos para el cáncer. En este proceso unos caminos me llevaron a otros en la búsqueda de mi bienestar físico, espiritual, mental, y emocional. Uno de los resultados ha sido este libro debido a la necesidad que tuve de ser orientada en muchas veces. Al ver que los pacientes carecen de educación y orientación de todo el proceso, decidí compartir mis conocimientos y experiencia durante este tiempo. Este escrito es una oportunidad que te ofrece la vida para desaprender y aprender sobre el cáncer. Te invito a pensar, entender, hablar, mirar, y manejar de otras formas el diagnóstico de un cáncer.

Va dirigido a personas que reciben un diagnóstico de cáncer, que pueden cuidar de sí mismas, y que quieren aprender a afrontar su situación de una manera asertiva. Es para personas que quieren abrirse a explorar otras alternativas de tratamiento y desean resultados diferentes a todo lo que vemos y escuchamos sobre lo triste y negativo de cómo vive un paciente de cáncer. Se abarcan los aspectos: físico, mental, emocional, y espiritual.

Cualquier persona que utilice los recursos aquí dados vera resultados extraordinarios en su vida.

"Pienso que los diagnosticados son seres en proceso de crecimiento, aprendizaje y transformación."

Mary Luz Bruno Pérez

Me gustaría decir que es un camino fácil, pero no lo es. Sí, es un camino para personas en transformación que tienen mucho que aprender, crecer, y aportar a este maravilloso mundo llevando esperanza aquellos que pasan por la misma situación.

Y aunque tú, querido lector, no tengas cáncer de seguro conoces a alguien, que ha pasado por esto o lo está pasando.

En cada recurso del libro hablo un poco de mi experiencia en los diversos procesos desde mi diagnóstico hasta el presente.

Te brindo la alternativa de afrontar el diagnóstico como una oportunidad, no como una desgracia o fin de la vida. Tienes el poder de escoger que harás; no es un camino sin salida. En este libro aprenderás las diferentes etapas, los estados durante el manejo de la enfermedad y algunos recursos de coaching que pueden ayudarte a superarlos. También hablaremos de reprogramar nuestra forma de pensar y de hablar. Haremos ejercicios de cambio de creencias, las que ya no nos sirven las desechamos y escogemos otras nuevas que si nos sean útiles y nos ayudan a estar preparados para el día a día.

Cáncer, Mi Mejor Maestro

La cultura nos enseña que debemos hacer para tener. Luego de tener nos convertimos en "alguien" y luego ser alguien encontramos la felicidad. A causa de esta enseñanza la gente vive luchando para tener y ser alguien. Pasan los días, los meses, los años y aunque logramos ser alguien no somos felices. Sin embargo, no la encontramos porque no actuamos desde nuestro ser.

Propongo atenderte, y responsabilizarte en los aspectos del ser antes de hacer, para lograr los objetivos de salud integral, tener empoderamiento de nuestra vida y proceso en la enfermedad. Esto es lo que me funciono a mí. Te ofreceré algunos ejercicios y preguntas que te ayudarán a descubrir, examinar, superar, e ir cambiando patrones de conducta que obstaculizan tus objetivos.

No se trata de positivismos vacíos que se quedan en palabras sin acción, pues todo lo que este libro contiene lo he probado exitosamente. Se trata de trasformar el ser para que actúes desde lo más profundo de tu alma, y cuando se actúa desde el alma, nada sale mal. Todo lo que llega es bueno; crécete ante la adversidad.

Recurso I: El coaching como un recurso en el proceso de enfermedad

¿Para qué el coaching ante un cáncer?

El coaching es la disciplina mediante la cual se da un proceso de acompañamiento y guía al cliente para alcanzar de la mejor forma posible, utilizando sus propios recursos, lograr las metas que deseas. El coaching está fundamentado en la mayéutica, el método socrático el cual nos dice que la respuesta está dentro de nosotros. El concepto de coaching nace a partir del deporte, mediante el cual el atleta sigue la dirección que le ofrece el coach, y utilizando técnicas, estrategias, el coach lo acompaña, lo apoya, le da ánimo, y celebra sus logros, pero quien realmente usa su potencial es el propio atleta que confía en su guía y potencia sus destrezas.

A veces tenemos muchos sueños que son sueños mientras no conlleven acción se quedan en eso sueños. "Ay, si yo tuviera..." "Ay, si yo fuera..." "Ay, si yo hubiera..." eso son formas de pensar y expresarse acerca de sueños que aún no se han convertido en realidad porque no son metas, no se ha tomado acción, no se le ha puesto fecha, no se han dado pasos, no se ha escrito, ni se tiene un plan. En ocasiones tenemos deseos de lograr cosas y no podemos. Muchas de estas conductas han sido aprendidas y observadas de las personas que han sido parte de nuestro entorno familiar o social, creemos que se debe ser o se debe hacer, lo repetimos porque es lo que aprendimos. Tengo una buena noticia para ti, eso puede cambiar; el coaching te ofrece la oportunidad de reprogramarte. ¿Qué significa reprogramarte? Significa que programes tu mente hacia donde quieres ir. Supongamos que quieres lograr sentirte saludable, ¿Cómo crees que es la mente de una persona saludable? ¿Qué cosas hace? ¿Cómo piensa? Avanza en esa dirección. Tienes la oportunidad de diseñar, crear tu vida, y obtener los resultados que quieres.

A través del coaching descubrirás tus capacidades y recursos para lograr los objetivos deseados en tu vida. Los objetivos y metas las estableces tú, ya sea tener mejor salud, ser rico, enfocarte, el crecimiento personal, o sentirte feliz. Para una empresa o para una persona el coaching es efectivo.

En el caso que nos compete para superar un diagnóstico de cáncer, el coaching se convierte en un TNT, como dice el libro *El poder está en usted* de Claude M. Bristol (1973), es una dinamita con poder de cambiar todo lo que piensas y te limita.

El coaching ofrece las mejores herramientas a las personas que atraviesan por este diagnóstico. Puedes estar seguro de que al comenzar a trabajar con un coach nunca te irás de la misma forma como llegaste. Algunos beneficios que el coaching nos brinda son las secciones que en cada una de ellas se brindan nuevas alternativas a tus situaciones; mediante los estiramientos lograrás hacer cosas que antes no habías pensado que podías hacer. Tendrás un nuevo comienzo para hacer todo lo que te llevará a ser la persona que quieres ser para lograr tus metas. Mediante las secciones de coaching y la práctica de reprogramación comenzarás a ver, pensar, solucionar, actuar, sentir, hablar, y adquirir nuevas creencias, sea lo que sea que enfrentes en tu vida va a mejorar y serás más feliz.

Según Leonardo Wolk, en su libro *El arte de soplar las brasas* (2003), coaching es un arte:

"El coaching no es otra cosa que soplar las brasas que están apagadas por creencias que has adquirido desde la niñez, han sido sembradas por las cosas que vemos, escuchado, vivido o por el medio ambiente en el cual crecimos y nos desempeñamos. Todo eso que hemos aprendido no necesariamente es cierto, sólo son la forma en las que esas experiencias nos han condicionado a pensar. La buena noticia que nos ofrece el coaching es que todo eso se puede cambiar. El coaching existe para que enciendas el fuego que llevas dentro, para ser mejor versión de ti mismo y lograr tus metas."

¿Cuáles son tus metas? ¿Qué es lo que quieres?

- ¿Tener salud?
- ¿Vivir bien?

- ¿Ser feliz?
- ¿Ser abundante?
- ¿Tomar decisiones sabias en el proceso?

El coaching trabaja con nuestras creencias desde el punto de vista de su utilidad, del provecho que le podemos sacar a cada una de ellas; si no son útiles hay que cambiarlas. Cuando pensamos en un diagnóstico de cáncer, ¿Cómo lo pensamos? ¿Desde la esperanza o desde la tristeza? ¿Desde el coraje o desde el victimismo? ¿Desde el castigo y la culpa? ¿Desde el aprendizaje y el cambio para crecer?

Todas estas premisas de las que partimos se fundamentan en creencias, en afrontas o creencias luego de esa etapa; las afrontas son cosas que hemos aprendido mediante situaciones que hemos vivido, visto, o nos han dicho de los 0 a los 7 años. Las creencias afectan los resultados que queremos lograr ante un diagnóstico de cáncer y el coach tiene las herramientas para acompañarte, guiarte, ayudarte a enfocar pensamientos y energías en lo que quieres lograr, en tu proceso de transformación. El coaching trabaja con compromiso; tú como persona asumes la responsabilidad de cambio y el control de tu vida con una actitud en pro del crecimiento de mejorar tus posibilidades, para tener una mejor vida en todos los aspectos.

El coach no es un psicólogo; es alguien que te lleva a la acción con los recursos y potenciales que ya tienes que a veces ni tú mismo ves, saca a la luz, te ayuda a maximizarlos mediante las prácticas y técnicas utilizadas exitosamente en la vida de muchas personas que se han transformado y logrado sus metas.

La persona que llega a un coach buscando ayuda es porque ya está listo para el cambio, lo desea, no sabe cómo hacerlo, quiere dirección, apoyo, y acompañamiento en el logro de su objetivo. En el caso que nos ocupa un diagnosticado con cáncer puede presentar muchas necesidades entre estas; emocionales económicas, tomar decisiones laborales, de relaciones, económicas, de actitudes, alimentación, enfoque, motivación, establecimiento de metas y como lograrlas. El coaching cuenta con las herramientas para ayudarte a definir y establecer metas. Te ofrece la posibilidad de conocer las áreas de más necesidad a través de su primera herramienta, el eneagrama de vida en la que se establece áreas a tratar en las secciones ya que estas áreas pueden ser las que obstaculizan tus objetivos y metas. A partir de tus resultados en el eneagrama se elaboran y se trabaja con las demás herramientas.

El coaching se fundamenta en las necesidades del cliente. Según Robert Dilts en su libro *Como cambiar creencias con PNL*

(2013), “El coaching se centra en la expansión o mejora específica del rendimiento dentro de determinado contexto.”

Esto refiriéndose a cuando el coaching se utiliza para algo en específico. De otro lado, Jackeline Betancourt en su libro *Coaching para el ser* (2017) nos dice que: “El coaching es para personas que están buscando un cambio radical en sus vidas y así poder lograr una transformación total desde el ser y tener resultados extraordinarios.”

En mi caso tenía muchos sueños, entre ellos cambiar de trabajo, hacer las cosas que me apasionan, escribir un libro, y dar charlas motivacionales. Después de mi diagnóstico fui a un retiro de tres días llamado Efettá que significa ábrete, con una terapeuta y coach de física cuántica, al mes me llamó para ofrecerme sus servicios gratuitamente bendita sea siempre. Al trabajar, conmigo a veces fue incómodo, otras muy emocionales, otras un reto, pero en todas, en todas sacó lo mejor de mí, el coaching me ayudó a encontrarme y centrarme.

Luego de esto surge la idea de estudiar y certificarme como coach, prepararme mejor, y tener una base y herramientas para poder dar charlas sobre mi libro, ayudar a otras personas en su camino a superar la enfermedad de una forma diferente y proactiva. ¿Quién mejor que yo, que lo vivo, para exponer que el coaching es la herramienta idónea para atender un diagnóstico de cáncer?

No soy la misma persona de hace uno ni tres años atrás; todo lo que a mí me llega le veo utilidad. Lo que no me sirve para crecer queda fuera de mi camino, lo que no me aporta fuera. ¡Lo que no me hace sentir bien fuera!

Te invito a través de lo que he aprendido en estos tres años, de experiencias vividas y de coaching a practicar todo lo que te sirva de este libro, que sea de bendición a tu vida y a todo aquel que lo lea, el poder está en ti, no importa estés en una cama, un hospital, llorando, en negación, siempre tienes tu imaginación, siempre tienes tu mente, son herramientas poderosas; úsalas para ser feliz donde estés. Si este libro está en tus manos no es casualidad.

Recurso II: El diagnóstico y las etapas

a. Para manejar el diagnóstico

En el 2014 tenía unos nódulos inflamados en ambas axilas a causa de mi diagnóstico de Sjogren's. El ginecólogo recomendó hacerme biopsia para descartar la posibilidad de cáncer. En esos momentos de mi vida era muy feliz, estaba haciendo todo lo que amaba hacer. Me había enamorado de la vida por primera vez y de las cosas que hacía. Me realicé la biopsia en axila del seno derecho, la cual salió negativa y no fue necesario hacer biopsia en la otra. Los tres años siguientes las mamografías y sonó mamografías salían negativas, aunque el nódulo seguía inflamado y el otro se había desinflamado.

En 2017 luego del huracán María que tanto me impactó comenzaron unos dolores intensos en el brazo. Esa noche del paso del huracán María ha sido la experiencia más terrible de mi vida. Vivo en una casa de madera segundo nivel y me refugié en casa de mi papá pensando que estaría más segura en una casa de concreto primer nivel. Esa noche los vientos arrancaron techos aledaños y un pedazo de techo rompió la ventana de mi papá y la casa se inundó. La pasé metida en un baño en el piso encogida de donde no me levante en 15 horas. Quince horas de horror, pánico, miedo, y llanto pensando que perdería la casa. Menciono esto porque en lo que he investigado aparece mucha información según la nueva medicina germánica de diagnósticos de cáncer luego de experiencias traumáticas que duraron por un tiempo, que estaban fuera de nuestro control y no se pudieron procesar adecuadamente. Personas que han desarrollado cáncer luego de la pérdida de un hijo, esposo, o algún evento traumático.

A causa del dolor en el brazo y en el nódulo derecho que nunca se desinflamó y me molestaba para correr, visité mi ginecólogo en octubre. Él recomendó hacerme una biopsia, aunque los exámenes de 10 meses atrás habían salido negativos. En noviembre del 2017 me realizo la segunda biopsia en el mismo seno del 2014 y sale positiva.

Allí esperando sentada en el cuartito donde lo único que escuchaba eran los latidos de mi corazón y en mi dialogo interno decía, todo estará bien. ¿Qué va a pasar si esto da positivo? Aunque muy asustada yo estaba tan feliz en mi vida que pensaba que no habría nada que me hiciera perder el entusiasmo y amor por mi vida.

Se abrió la puerta. "Hola, soy la Dra. Tal ¿Viniste sola? ¿Por qué esperaste tanto tiempo para venir?" Yo no esperé, he seguido haciéndome todas las pruebas anuales y salían negativas hasta hace 10 meses atrás.

"Todo está bien, Mary, esto es pasajero."

¡Dios, no permitas que nada de esto entre en mi mente y la domine! Yo soy fuerte, pensé.

"Estás en etapa tres. Te voy a enviar a una oncóloga muy buena para que te dé algo para bajar el tamaño del nódulo."

¿Etapa tres? ¿Qué es etapa tres? ¿Digo la noticia o me quedo callada? No debo preocupar a nadie, pensé.

"Aquí tienes la cita. Te enviarán a hacer más estudios y luego regresas para la operación."

Qué frío hace aquí. ¿Qué voy a hacer? Yo me siento super bien. ¿Cómo todo esto va a cambiar mi vida? pensé.

Ante un diagnóstico de cáncer lo que se hace en el occidente es decirle al paciente que debe hacer para sanarse o alargar su vida según el diagnóstico. Esas primeras palabras ese primer día de visita con el patólogo o el oncólogo son cruciales para el paciente. Lo pueden lanzar a la depresión, a la autodestrucción, o a la esperanza. El paciente no puede asumir que su médico lo hará todo por él. Tiene que comenzar un proceso de auto educarse con respecto a lo que le está pasando, sobre todo, la causa. De esta forma puede tratar la causa, ser el protagonista de su tratamiento, y ser él que decida qué es lo que quiere.

Existen muchas organizaciones sin fines de lucro contra el cáncer. Algunas ayudan con los deducibles de los estudios, con viajes al exterior, estadías para pacientes y familiares fuera del país, para buscar segundas opiniones incluso operaciones para tratar la enfermedad. Estas organizaciones han aportado mucho a la difusión y divulgación de lo que es el cáncer y como mejorar nuestros hábitos, alimentación, y estilos de vida para poder evitarlo. Existe un sector en Puerto Rico y en todo el mundo cada vez más grande de personas diagnosticadas. Por razones de salud, por razones de convicciones, o porque conocen, y han experimentado los efectos secundarios de los tratamientos químicos escogen no someterse a tratamientos químico-tóxicos. Para estos pacientes los planes médicos no tienen alternativas. Los planes médicos no cubren los tratamientos alternativos. De hecho, los tratamientos alternativos son menos costosos que los químicos. Por el otro lado, no existe ninguna organización sin fines de lucro que brinde ayuda a pacientes de cáncer y/o enfermedades degenerativas a tomar tratamientos alternativos que no sean cubiertos por los planes médicos. Estos son la vitamina C intravenosa que tantos buenos resultados tiene. Este refuerza el sistema inmune llevando antioxidantes al cuerpo enfermo. También el ozono, que lleva oxígeno a las células. Pulso magnético y microcorriente que son exitosos en los manejos de dolor. Otro es la quelación, que consiste en sacar los metales pesados del cuerpo que hemos ido acumulando a través de alimentos y otros consumos como el agua que tomamos, y la plata en los dientes.

En el 2015 se hizo un estudio realizado por la Biblioteca Nacional de los Estados Unidos que reveló el porcentaje de los pacientes de cáncer que se curaban y llegaban a la sobre vida de los cinco años. El estudio reveló que la quimioterapia y tratamientos convencionales aportaban un 2.1%. En Australia un 2.3 % en curación y sobre vida a los cinco años. Lo que no revela ese estudio es cómo es la calidad de vida y los efectos secundarios en esos cinco años. Tampoco los costos en que se incurren para contrarrestar esos efectos secundarios o esa calidad de vida.

¿Saben ustedes que en España existe una comunidad de oncólogos de medicina integrativa alternativa? Y en Alemania, es una alternativa tratar el cáncer solo con vitamina C intravenosa como único tratamiento en caso de que el paciente así lo escoja. ¿Saben ustedes que en Inglaterra la comunidad de oncología cuenta con una página informativa en Internet donde ofrecen las estadísticas de progreso, la aportación de las quimios a la cura, y sobre vida del paciente con cáncer de mama, dónde usted pone sus datos de diagnóstico y se le indica los resultados de probabilidades de sobre vida?

En Nicaragua, por ejemplo, hay una ley donde el paciente decide que tratamiento escoger para tratarse, químico o natural.

Esta ley es una de avanzada ya que lleva a las personas que están sanas a pensar y a investigar que escogerían para ellas en caso de ser diagnosticadas. También en la universidad del estado nicaragüense se dan cursos a médicos donde se les enseña obligatoriamente a los futuros médicos a tomar cursos de medicina natural, pues en ese país las personas pueden escoger tratar la condición sin fármacos ni químicos.

Toda esta información es apabullante y a la vez nos abre los ojos a nueva información para poder tomar decisiones sabias y bien pensadas de acuerdo con nuestro mejor bienestar y calidad de vida.

Todos estos estudios deben ser parte de la orientación de un paciente al ser diagnosticado. La información está ahí; nosotros somos los responsables de nuestra salud. Debemos aprender a educarnos y ser parte de la solución a todos nuestros posibles problemas de salud.

El protocolo de orientación sobre la alternativa natural no existe en los hospitales de Puerto Rico, tampoco en las organizaciones de ayuda a pacientes de cáncer. Cuando un oncólogo hace un diagnóstico de cáncer, las alternativas son operación, quimioterapia, o radioterapia, el orden puede variar. Es de suma importancia someterse al proceso con toda la información para tomar decisiones sabias. Por ejemplo, con los medicamentos recetados que son controlados y tienen sus efectos secundarios hay que leerlos, empaparse de ellos, saber su costo, riesgo en salud a corto y largo plazo. Sobre todo, si se tienen otras condiciones como en mi caso que además tengo diagnósticos de Sjogren's y Esclerodermia.

Desde pequeños nos han enseñado que los doctores tienen todo el conocimiento y son nuestros sanadores. Ellos estudiaron para eso. Así que ellos saben más que uno, lo que es mejor para su paciente. Este pensar según ha ido pasando el tiempo. Según han surgido investigaciones y con la revolución informática esto ha quedado desmentido y desmitificado.

En este camino he tenido la experiencia de tener en ocasiones información sobre mis condiciones que algunos médicos no tenían. Se especializan tanto en un solo tema que desconocen como un órgano u otra enfermedad autoinmune en el paciente puede afectar otras partes del cuerpo. Te envían a otros especialistas para que cada uno se encargue de los diferentes órganos como si el cuerpo no fuera un todo. Al no ver la enfermedad desde todos los ángulos, físico, mental, emocional, nutricional, y cómo unas cosas pueden afectar a otras pues solo se enfocan en los síntomas y no en la causa. He aprendido a conocer mi cuerpo y a buscar soluciones cuando me han dicho que no las hay. Atravesando esta enfermedad he solucionado otros problemas que posiblemente forman parte de la causa y lo desconocía.

Cuando se diagnostica a un paciente y se utiliza la palabra cáncer ya sea en la parte del cuerpo que esté y/o en la etapa que esté, el médico oncólogo lo trata con sentido de urgencia y miedo. La palabra cáncer tiene una carga emocional. Lo asociamos con estudios, muerte, dolor, sufrimiento, encamado, fin de la vida, fin de planes, con quimioterapias, caída de cabello, y la pérdida de peso.

La forma en que habla y las palabras que utiliza el oncólogo son determinantes para un paciente. El paciente recién diagnosticado estará en estado de aturdimiento y choque. En este estado su mente no retiene nada. Solo está tratando de procesar que significa ese cáncer para él o ella. Tal vez estará repasando en su mente una película sobre su vida o tal vez imaginando que todo acabó. ¿Qué haré con el trabajo? ¿Quién mantendrá la familia? y preguntándose, ¿Qué hice? ¿Qué causó este cáncer?

Ante toda esta marejada emocional el Dr. le explica en qué consistirá el tratamiento y el análisis. Se ordenan más pruebas médicas y también se le da una prognosis de vida. El oncólogo tradicional le propone un tratamiento con sus únicas alternativas para combatir, pelear, batallar, y luchar contra el cáncer. Le dice que ocurrirá de someterse o no al tratamiento y en qué etapa está. ¡Hay mucha presión ese día! El doctor quiere actuar rápido sin explicar bien los detalles del porque hace lo que quiere hacer y sin explicar, todos los efectos secundarios posibles a corto y largo plazo. Sin tiempo a pensar, le dan a entender al paciente que morirá pronto si no se somete al tratamiento. Ese día el paciente sale de la oficina médica con referidos, órdenes, y hasta la receta del medicamento que va a tomar si es el caso. El paciente sale de la cita lleno de miedo y a tomar decisiones basadas solo en la emoción. Solo pensando en que el médico es el que sabe, y deja en las manos del doctor la responsabilidad de su curación.

Te digo, saliendo de esa cita pausa, date un momento para asimilar, reflexionar, y pensar bien lo que harás. Eso es lo mejor que puedes hacer. Luego que te calmes, investigues sobre el tema, sobre las opciones de otros tratamientos, determina lo que quieres para ti y lo que le vendrá bien a tu cuerpo. Luego vuelves al doctor. Cuando a un paciente le diagnostican cáncer ya lleva algún tiempo teniéndolo y dos o tres días más no harán diferencia en su cuerpo, pero si en su bienestar emocional. Querido lector, en un estado emocional no se toman decisiones que puedan afectar la forma en que vives y quieres vivir mientras vivas.

La palabra emoción según el diccionario de la Real Academia de la Lengua Española "es una alteración del ánimo intensa y pasajera agradable o penosa que va acompañada de cierta conmoción somática." Según la Real Academia, conmoción es "movimiento o perturbación violenta del ánimo o del cuerpo, alteración de un estado relativo a la parte corpórea de un ser animado." Veamos, una emoción que es pasajera puede ser violenta, provocar síntomas en nuestro cuerpo ya sea miedo, adrenalina, tristeza, pánico, impotencia y furia. ¿Podremos tomar una buena decisión basada en la emoción? Etimológicamente la palabra emoción viene del latín "emotio," que quiere decir removido o remover. Eres removido de tu estado natural racional.

¿Estaremos capacitados en ese momento para tomar resoluciones sabias que redunden en nuestro beneficio?

En mi caso la respuesta era y es no. Yo fui sola y aunque me sentía fuerte, estaba clara y pensaba que nunca querría los tratamientos químicos. La presión que ejercieron los oncólogos sobre mí fue tanta que me llené de miedo. Siendo ignorante cedí ante la información incompleta. Los pensamientos de morir en tan corto plazo si no hacia lo que me decían, me hicieron ceder.

A mí me ha resultado el investigar sobre el cáncer. Sé que ir acompañada a recibir resultados sería lo mejor. He aprendido que hubiera sido mejor tomarme el tiempo para pensar primero. Luego tomar una decisión desde el conocimiento de todas las alternativas y no desde la presión, la ignorancia, o el miedo, porque el precio que muchos pacientes y yo hemos pagado es muy alto.

Luego del diagnóstico comienza un estado de estrés subconsciente en el paciente. En mi caso, es como una alarma de incertidumbre que viene y se va, aunque creo que me siento en paz, eso sigue ahí.

Al igual que en una situación de duelo por muerte, divorcio, o pérdida, el diagnóstico de un cáncer supone una pérdida y como perdida pasa por etapas. Para cada persona la perdida ante un cáncer es diferente. Las perdidas suelen ser su estilo de vida, de control, planes, sueños, metas interrumpidas, miedo a perder su familia, dejar hijos pequeños huérfanos, a los cambios físicos y emocionales, perdida de su vida actual hasta ese momento, y la estabilidad que tienes al saber que estás enfermo. En fin, pueden ser muchas las perdidas.

a. Las etapas y cómo manejarlas

Según un resumen en el blog de la psico-oncóloga Ariadna González (2015), podemos hablar de tres etapas:

"En la fase inicial nos dice que se manifiesta el choque, desconcierto, incredulidad, negación, desesperanza, anticipación al dolor y a la muerte." El tiempo que tome esta etapa va a variar de acuerdo con los recursos mentales que tenga la persona o adquiera con ayuda de un profesional."

En la fase intermedia, nos dice el artículo, "Aparece la irritabilidad, ansiedad, entre estas pueden estar anorexia insomnio, falta de concentración, disminución de la actividad cotidiana, rumiaciones sobre los tratamientos y miedo a la muerte."

Y en la fase de adaptación, "En esta fase llega la aceptación del diagnóstico, se presenta más optimista y pone en marcha mecanismos de afrontamiento."

Todos estos estados son normales y algunos pueden presentarse y otros no. Lo importante es aceptarlos y manejarlos adecuadamente y que la familia y los allegados estén al tanto para que no se salgan de proporción. Recibir apoyo y guía en esta etapa es fundamental. Recibir la ayuda va a depender de la disposición del paciente, la intensidad de cada una de las alteraciones presentadas y la capacidad de admitir que hay estados que no se pueden manejar solos, por lo tanto, es de suma importancia el rol de los familiares y buscar ayuda.

Hay que tomar en cuenta que todas estas alteraciones emocionales pueden afectar los resultados del tratamiento que esté llevando a cabo el paciente sea natural o químico, pues todas debilitan el sistema inmunológico.

Según la Asociación Americana del Cáncer en su portal de Internet, "Hablar con un profesional de la salud u organizaciones de apoyo como la Asociación Americana del Cáncer es la mejor forma de comprender lo que está pasando con su cuerpo, lo que puede esperar y como le ayudará el tratamiento."

En caso de que usted escoja tratamientos químicos sepa que esta organización ayuda a pacientes que se someten a tratamientos químicos y/o se realicen análisis costosos con una aportación a los mismos. Puerto Rico actualmente no cuenta con los necesarios grupos de apoyo para pacientes de cáncer. A la vez tampoco existe un lugar donde acudir y ser orientados sobre todas las alternativas de tratamiento según su preferencia. Lamentable ya que este diagnóstico implica unos cambios abruptos de vida para los que nadie está preparado.

Mi primera visita a oncóloga:

"Hola, soy la Dra. Tal. Los resultados de los análisis dicen que no es genético y que en un 95% de los casos el tumor no responde a quimioterapias."

La doctora me informó lo que tendría que hacer para vivir al menos cinco años. Me dijo: "Te voy a recetar unas pastillas para bajar el tamaño del tumor. No son quimio, no se te caerá el cabello. Es un tratamiento hormonal para poder operarte. Luego tendría que tomarlas por cinco años de manera 'preventiva.'"

Esa pastilla que me recetaron estudios realizados revela que funciona solo en el 10% de las mujeres a quien se las recetan.

El Internet está lleno de mujeres diciendo lo mal que le fue con ellas y que luego recurrieron a tratamientos naturales.

"Bueno Dra., si no son químicas, estamos bien. No quiero nada de quimio. Le confirme que comenzaré el tratamiento luego de un medio maratón que tengo en febrero,".

"Bien. Cuando lo hagas regresas y comenzamos."

En la segunda visita yo estaba sentada en la sala de espera bien abrigada con lonchera y libro en mano. Miraba a los pacientes mientras leía *Tus zonas erróneas* de Wayne Dyer por segunda vez. Había un cuenco de bombones coloridos para que los pacientes tomaran los que quisieran. En mi mente, todo va a estar bien, pensé. Me preguntaba, ¿Por qué tienen bombones aquí? ¿No se supone que alguien con cáncer no coma azúcar? Hacía mucho frío en esa sala llena de pacientes y familiares. Era pequeña pintada de blanco. En el televisor se escuchaban las noticias, mientras los pacientes hablaban de sus diagnósticos, de la política, de sus dolores, y de sus comidas. A la vez algunos bebían café con galletitas otros reían, pelaban, y otros no hablaban. Yo sólo observaba aquel nuevo mundo en el que iba a incursionar. Cuando me llamaron entre por un pequeño pasillo estrecho y muy frío. En las puertas había lazos rosados con el símbolo de paciente de cáncer de Susan G. Komen. Veía a personas sin cabello sentadas y conectadas tomando quimioterapias. "Uch, que frío hace aquí, dije."

"Siéntese. Le tomo el pulso y el peso. Ya mismo viene la doctora."

"Hola. Buenas tardes. ¿Bueno, como estás, Mary Luz? ¿Comenzamos con el tratamiento hormonal como quedamos? ¡No eres candidata para quimio por vena! ¿Cómo te has sentido? pregunto la doctora."

"Yo muy bien, super. Corrí el medio maratón y me siento muy bien. ¿Y el tumor? Preguntó la doctora."

"Bueno, bien. El cambia de tamaño antes y después de la menstruación. Déjame ver, dijo la doctora."

Yo me quito el brasier, ella me toca y me examina.

"HMM. HMM... No, esto no te lo van a operar así. Vamos a enviarte a ponerte un canal en el pecho para darte quimio por seis semanas y luego te operamos."

En mi mente pensé: ¡Qué! Usted me dijo que no era candidata la vez anterior, y hace menos de cinco segundos atrás me lo dijo y el papel lo dice.

"Toma este referido y vas a la oficina de la cirujana. Allá te pondrán el canal y la próxima semana comenzamos," dijo la doctora.

¿Cómo es posible que segundos antes me hablara de no quimio y todo cambió en menos de tres segundos? En mi mente...

"Sí, OK. Deme acá todo lo que quiera. Nos vemos," le dije.

Así terminó mi relación de paciente con la oncóloga.

Como yo en aquel entonces, hay muchas personas diagnosticadas que ignoran el alcance de los tratamientos en su cuerpo a corto y largo plazo. Personas sin saber qué hacer, ni a quién consultar se someten a tratamientos. Debido a esto que yo pasé, estoy clara en cuanto al estado emocional y mental por el cual puede estar pasando el recién diagnosticado. El paciente debe estar acompañado de un familiar o amigo que este con la mente clara. Buscar ayuda profesional y experta durante los procesos sobre el manejo de toma de decisiones es lo mejor. Esto puede proveer herramientas que no tenemos. Acudí a otra cirujana que me refirió a otro oncólogo y me dijo lo mismo. "Hay que bajar el tamaño."

Fui a la primera visita con mi nuevo oncólogo. Le expliqué mi experiencia anterior y él me dijo que eso sí era el tratamiento químico hormonal para inducirme a la menopausia. Le expliqué de mis condiciones degenerativas y mi preocupación con activarlas. Pero nada, me recetó las pastillas.

Ante mucha presión y pronóstico de supervivencia de cinco años o menos y con una hija de 9 años, cedí. Pasé por una fase de tristeza y desesperanza. Sentía que yo me estaba traicionando al ceder a estos tratamientos. Yo no estaba siendo integra. Me diagnosticaron en noviembre y fue en febrero que comencé los tratamientos químicos hormonales en pastilla. Esa etapa fue muy dura. A los dos días de tomarlos vi sus efectos en mi cuerpo. No podía levantarme de la cama sin ayuda, ni vestirme. Perdí el 80% de la visión en un ojo. La cara me comenzó a cambiar y tuve que comenzar a visitar otros especialistas para ver que me sucedía.

El oncólogo me dijo, que no eran los efectos secundarios porque esos daban a los dos años. "Nena, ¿Por qué a ti te pasan tantas cosas?" Pregunto el oncólogo.

Yo le dije, "Esto es pasajero." El me indicó que fuera a mi reumatólogo para tratarme las condiciones degenerativas pero que la pastilla debía continuar tomándola. En ese momento aumentó mi interés por la investigación sobre los efectos secundarios ya que nadie podía ayudarme, ni entenderme. Comienzo leyendo e investigando sobre alternativas naturales. En mi corazón era lo que quería hacer. Interrumpí el tratamiento. Me orienté con otro especialista en medicina integrativa para comenzar con un tratamiento de vitamina C intravenosa.

Con este tratamiento de casi seis meses, y luego de visitar varios especialistas de los ojos volví a recuperar un poco la visión.

Mis dolores se fueron luego de dejar las pastillas. El doctor de medicina integrativa me refirió a otro oncólogo tradicional. Visite a la cirujana, me indicó que no podía operarme por el tamaño del tumor. Sugirió que comenzara el tratamiento para poder proceder con la cirugía. La cirujana me sometió a la misma presión de antes.

Visité el oncólogo y me dijo lo mismo, si no te sometes más o menos un año de vida te queda. Le hablé de mis cambios de alimentación y de la vitamina C. Me dijo que la alimentación no me iba a sanar y que yo estaba en negación, pero que yo podía visitarlo todas las veces que quisiera y hacerle preguntas. Recalcó, hay que hacerlo ya. ¡Fue mucha presión!

El segundo intento con tratamientos de quimio hormonal con el tercer oncólogo me fue muy mal. Los efectos secundarios de la inyección fueron nefastos. Lo que había recuperado de la visión volvió a empeorar. Se me recomendó un suero para fortalecer los huesos. Solo me di dos y sufrí una fractura en la espalda vertebra L2. Uno de los efectos secundarios de ese suero eran fracturas o necrosis mandibular, de los cuales ninguno de los dos se me advirtió antes de comenzar el tratamiento. Nuevamente perdí la visión y se me hundió un ojo.

¿Cómo manejé yo estas etapas?

Cáncer, Mi Mejor Maestro

No pasé por la fase de negación. Mi primer pensamiento al diagnosticarme fue "esto es pasajero y me sentía bien." Estaba clara con lo que quería. Busqué, busqué, y busqué. Me dediqué a investigar el tema, escuché conferencias, leí libros, y repasé testimonios de otros.

Se me metió en la cabeza buscar un retiro de silencio e irme unos días a estar sola. Por recomendaciones de Nidia Santiago mi jefa en aquel entonces y quien también me daba Prana Healing (una terapia holística) llamé para ir a un retiro. Pensé que eso era lo que buscaba. Para ese entonces yo estaba en puro dolor. No podía estar mucho tiempo sentada, ni parada, ni caminar bien o rápido. Me dolía todo. Esto fue el resultado de la inyección y suero para los huesos al cual me sometí.

Fui al retiro buscando claridad para tomar decisiones y decidir mis próximos pasos. Opte irme por la rama natural ya que la decisión era entre sufrir y estar en cama por cuatro o cinco años o irme por lo natural que no tiene efectos secundarios. Esto me permitiría vivir lo que Dios quiera siendo útil.

Lo que me ha funcionado es hacer cosas que me gustan y aprender cosas nuevas. Me ha funcionado el ejercicio físico. Me entregué a un proyecto y cambié mi alimentación. Fui en búsqueda espiritual. Comencé a escribir un libro sobre lo investigado y lo experimentado. Me abrí a nuevas experiencias. La clave para mí ha sido la acción de como estar a cargo de mi alimentación y tratamientos. El no estancarme, ni atarme a una sola formula. Encontrar lo que me viene bien y me de los resultados que busco.

Las terapias y ser coacheada me ofrecieron la posibilidad de evaluar mis actos fundamentados en mis pensamientos y creencias para actuar de acuerdo con lo que realmente quiero. No con lo que nos han programado. Nuestros pensamientos tienen el control de nuestras emociones, si los puedes cambiar los resultados cambian. Lo que pensamos tiene un efecto directo en nuestras emociones, a su vez en nuestro cuerpo y en lo que sentimos. La mente controla lo que sentimos y experimentamos.

Ejercicio

1. Imagina que tienes un limón verde cortado a la mitad y lo comienzas a exprimir en tu boca lentamente. ¿Qué notas en tu boca? Las glándulas salivares comienzan a secretar saliva con el solo hecho de pensarlo.

2. Realiza una lista de los pensamientos predominantes acerca de tu diagnóstico e identifica a causa de que crees eso.

3. Escribe lo que harías en caso de que ese pensamiento fuera cierto. ¿Cómo te hace sentir? ¿Qué cosas te impide hacer ese pensamiento?

4. ¿Con qué pensamiento te gustaría sustituir ese pensamiento? ¿Cómo te hace sentir ese nuevo pensamiento?

Recurso III: Toma de decisiones

a. Tener toda la información

El ser humano en general tiende a evitar tomar decisiones. No todas, pues todos los días tomamos decisiones. Desde levantarnos, que desayunaremos, dónde iremos primero, el orden de las tareas, en fin, decisiones. Al inicio de mi diagnóstico no lo compartí con todos. Eso fue una decisión, mí decisión. Decirlo supone mucha presión ya que mucha gente no estará de acuerdo con la resolución que uno tome sea cual sea. Siempre alguien opina en contra y con comentarios presiona y juzga. Tienes derecho a guardar silencio el tiempo que quieras. Por lo general es hasta que estás preparado para defender tus determinaciones en cuanto al tratamiento. Por fortuna todos los que me aman me han respetado y apoyado.

Hay dos tipos de decisiones; las más importantes y las menos importantes. Hay que aclarar que no tomar una decisión también es decidir. El humano rehúye y/o posterga tomar decisiones importantes que con lleven cambios drásticos. Ya sea en la economía, la vivienda, el estilo de vida sedentario, o las relaciones. Muchas veces tiene que pasar algo drástico para tomarlas. Puede ser debido a la responsabilidad que conlleva el resultado de estas, el miedo a equivocarse, o el no estar preparados para sobrellevar las consecuencias.

Para poder elegir necesitamos al menos dos alternativas, si son más de dos mejor. Elegir tiene que ver con lo que creemos y las decisiones se trata de asumir riesgos. Asumimos riesgos, pero casi siempre dentro de un margen que nos de cierta seguridad según lo que creemos. Muchas veces estamos acostumbrados a controlar, y esta situación no la podemos controlar. Tendemos a hacer varias cosas, una es que alguien decida por nosotros porque según nuestra creencia ellos saben más. También tendemos a preguntar por opiniones o a postergar.

b. Las emociones y la toma de decisiones

Los sentimientos ante la decisión dicen mucho. Hay que tomarlos en cuenta y llamarlos por su nombre, reconocerlos y confrontarlos si es lo que aplica. Decidir requiere tiempo, energía emocional, y requiere un procedimiento. Como dice Rosa María Belda Moreno en su Libro *Tomar decisiones* (2016): "El proceso de toma de decisiones supone tres pasos; discernimiento, o descubrir los movimientos internos subyacentes en toda decisión, deliberación, ponderación de los pros y los contras de las elecciones, y decisión en el momento en el que se escoge una opción concreta."

Nos afirma que "se trata de descubrir qué deseo auténticamente en el fondo de mi discernimiento."

Como vemos, este proceso no se puede llevar a cabo en una consulta médica ante la emoción del miedo y la conmoción del cuerpo acabando de recibir un diagnóstico de cáncer. Para sopesar los pros y los contras hay que investigar. Hay que tener información sobre su diagnóstico, y la prognosis de los diferentes tratamientos existentes tanto químicos u alternativos. Al igual que información sobre la efectividad de estos en otros pacientes, los efectos secundarios, las estadísticas, los costos que implica cada tratamiento, por cuanto tiempo, el cómo esto cambiará su vida y si tendrá que depender de otros o no. Si tiene seguro de cáncer ver que le cubre y que no. También debe hacer un plan económico para el proceso.

Una de las cosas que hice cuando perdí mi trabajo fue ir asesorarme al seguro social de si yo cualificaba y mi hija, ya que, aunque los maestros en Puerto Rico no se les ha concedido pagar al seguro social. Yo trabajé desde los 17 años hasta los 30 en el sector privado y si había aportado al seguro social. La persona que me atendió fue muy ruda y como llevaba 17 años como maestra no aparecía la aportación de esos años al SS. Me dijo, "No, usted no cualifica. La gente se cree que esto es como los cupones que no aportan y quieren recibir beneficios. Mire, esto es como un seguro y yo le recomiendo que en vez de preocuparse por el seguro social vaya arreglando con quien va a dejar a su hija cuando usted falte."

Le explique que yo si había aportado, y me dijo, "Le faltan puntos, hasta el 2006 podía cualificar."

Así me fui de allí y no volví. Pensaba, ¿Wow, como una persona puede hablarle así a alguien que no conoce sin saber cómo está y como se siente?

La decisión o la no decisión es el comienzo de una acción que traerá resultados. Hay algunas cosas que pueden obstaculizar la toma de decisiones, inseguridad, miedo, no estar listo, entrar en negación, falta de información, presiones familiares de tipo responsabilidades, trabajo, planes, en fin, cualquier idea o creencia a la que se tenga miedo a perder o a renunciar. Cuando te informas bien te empoderas. Te sientes más seguro o segura. Toma el control de lo que pasará contigo mientras puedas. Entre las herramientas que el coaching nos provee una es identificar las metas, los objetivos y establecer un plan de acción de acuerdo con lo que quieres lograr. Mediante estas herramientas serás más capaz para deliberar y llegar a conclusiones. Cuando tienes apoyo de alguien neutral que te ayuda a maximizar tus capacidades y desarrollar la resiliencia, cambiaras la visión de las cosas.

c. Preocupaciones normales del paciente y conductas ante el diagnóstico.

Es muy importante que, si te han diagnosticado que reconozcas los pensamientos que te llevan a tomar la decisión que tomas, las presiones o sus miedos, hay que trabajarlos, solucionarlos y pasar al próximo paso. A veces pensamos que somos débiles si pedimos amor, abrazos, o si expresamos nuestras necesidades. Te doy una noticia, no es así. Hablarlo es una fortaleza, es inteligencia emocional. Si te cuesta pedir esas cosas hazlo tú. La inteligencia emocional es una de las áreas que el coaching ofrece para desarrollar recursos emocionales de forma asertiva y afrontar la situación de inseguridad en la que te encuentras. El coaching asigna ejercicios de estiramiento que nos llevan a movernos fuera de nuestra zona de confort para trabajar y superar los miedos, las falsas creencias, y las limitaciones que nos hemos autoimpuesto por cosas que pensamos que no necesariamente son verdad.

Una acción para obtener resultados diferentes podría ser:

Si necesitas un abrazo, ofrécelo tú, pídelo, y recíbelo. Muchas veces nuestros allegados no saben ni cómo actuar, ni que decir. Si necesitas llorar, llora y no te contengas. Si necesitas irte un mes sólo, vete, haz lo que tu ser te pide, toma tiempo y decide desde el conocimiento y con todas las consecuencias que conlleva una resolución.

"El mejor antídoto ante la preocupación es la acción."

-- *Wayne Dyer*

Un medidor de toma de decisiones que aprendí en estos tres años es, si me da paz, es la decisión correcta. Cuando tienes la convicción de que estás haciendo lo mejor que puedes por ti y en tú beneficio las emociones serán empoderamiento, seguridad, libertad, y paz.

"Cuando tienes que tomar una decisión, más que hacerlo intelectualmente, ¿Debo hacerlo? ¿No debería? ¿Lo haré? ¿No lo haré? removiéndote mentalmente entre las opciones, intenta confiar solamente en tus sensaciones sutiles, abre tu corazón a lo que tu espíritu te está diciendo."

--Stuart Wilde

Es importante que el paciente pueda comunicar sus emociones fluctuantes, sus preocupaciones, y necesidades sin ser juzgado, sin escuchar de los demás no digas eso. ¡No te sientas así!, ¡Dios está contigo!, ¡Tú no tienes fe!, etc., porque todos los días no se sentirá igual. Escuchar ese tipo de comentarios como; ¡No te sientas así!, ¡Mira todo lo que tienes!, hacen que se cierren los canales de comunicación para poder expresar libremente lo que piensa y siente porque a su vez limita las ayudas que pueda recibir en caso de que las necesite. Es importante hablar con alguien de confianza que esté dispuesto a escuchar. En el proceso, muchos pacientes tratando de asimilar el diagnóstico, pueden agredirse ante la desesperanza. Inconscientemente algunos pueden comenzar a beber alcohol, usar drogas para enajenarse, entregarse al enojo, la ira, la depresión, al miedo, pueden dejar atrasar cuentas, intentar suicidarse, sabotear los tratamientos, y sus cuidados. También comenzar a descuidar su alimentación comiendo cosas que lo afectan. Otros buscan ayuda profesional para poder expresarse libremente y encontrar soluciones a sus preocupaciones, miedos, y esto es lo mejor en caso de no poder manejar la etapa en que se encuentra. Buscar ayuda es la mejor alternativa si no tienes amigos disponibles para escucharte; eso puede pasar porque algunos se alejan, ya sea que sienten dolor o miedo al escucharte y no pueden manejarlo; o simplemente no te acompañarán en el proceso. Muchas veces me sentí sola por no poder expresarme, ni desahogarme, ni llorar porque el receptor no podía manejar la situación. A veces sólo queremos llorar y ser escuchados, aunque no puedan ni siquiera imaginar lo que sentimos.

Luego del diagnóstico o comienzo de tratamiento muchas áreas de la vida del paciente se pueden ver afectadas y se manifiestan tanto en ellos como en los que lo rodean. Por ejemplo, la comunicación familiar, las relaciones con los amigos, con la pareja, y los hijos son las áreas y personas que se afectan. El paciente se encuentra en una situación donde no puede escapar y distraerse lejos de la situación. La intimidad, la imagen corporal, las emociones, su aspecto físico, la falta de deseo sexual en pacientes adultos es parte de las preocupaciones. En el aspecto sexual hay que mencionar que para muchos es un tabú, pues nadie piensa que un paciente de cáncer pueda tener esa necesidad aún con el diagnóstico.

En un artículo titulado "Efectos psicológicos y emocionales del cáncer," Emory Winship Cancer Institute, rescatado julio 24, 2020. https://www.cancerquest.org/es/para-los-pacientes/problemas-psicosociales se dice: "De hecho la mayoría de las personas bajo tratamiento de cáncer siente que sus necesidades y preocupaciones sobre sus cambios íntimos y sexuales no son resueltos por los profesionales de la atención a la salud."

Es importante atender apropiadamente cada una de las preocupaciones del paciente que implican dentro de su diagnóstico cambios adicionales que desencadenan en insatisfacción.

Voy por el segundo intento y el tercer oncólogo con tratamientos de quimio hormonal. Esta ocasión fue por inyección y se me administro un suero para fortalecer los huesos. Al menos eso fue lo que se me dijo. Los efectos secundarios de la inyección fueron, brincos mientras se duerme, falta de claridad mental, sensación de no estar en control del cuerpo ni de la mente, cambios físicos, dolores de cabeza intensos, chillidos intensos en los oídos en las noches, aceleración de los latidos del corazón, dolores de pecho, dolores que imposibilitaban trabajar y no podía correr, ¡fueron horribles! Y como dije, lo que había recuperado de la visión volvió a empeorar, se me hundió uno de los ojos y tuve deterioro dental. Nuevamente tenía que tomar decisiones difíciles. A causa de tantos efectos secundarios causados por el tratamiento decidí no volver a ponerme la inyección.

Sobre el suero para fortalecer los huesos se me había dicho que los primeros dos o tres días me daría dolor en todos los huesos y a mí me duraba una semana. A los dos meses de haber dejado el suero por problemas en la boca sufrí una fractura en la L2. De este suero solo me di dos antes de sufrir la fractura en la espalda. Uno de los efectos secundarios de ese suero eran fracturas o necrosis mandibular. A mí no se me advirtió de estos posibles efectos secundarios. Me enteré porque al llamar a la enfermera para cancelar la cita por otra cita con el dentista, ella me informó que eso podía ser necrosis mandibular y que fuera hacerme unas placas y luego regresara para darme cita. Yo ni sabía que algo así existía. Todo este proceso fue muy duro, pues sentía que los médicos no me escuchaban cuando les hablaba de mis otras dos condiciones. Sólo me indicaban no puedes dejar el tratamiento, es tu única alternativa si quieres vivir al menos cinco años. ¡vivir cinco años!, ¡vivir cinco años!, ¡vivir cinco años! Nuevamente otra decisión: Dejé el suero.

Una herramienta muy útil para mí es la reprogramación y afirmaciones mediante la repetición. Estas benefician en adquirir seguridad y confianza en ti.

Ejercicio

Este ejercicio tiene varios beneficios, mejora tu estado de ánimo, crea disciplina a través de la repetición, mejora tu autoestima, te empodera y reprograma tu mente hasta convertirte en eso que has afirmado. A principio tal vez digas esto no funcionara, aun así, sigue haciéndolo todos los días y verás resultados extraordinarios.

Repetición y afirmaciones:

1. Realiza una lista de características positivas sobre ti. Léela en voz alta.

2. Realiza una lista de afirmaciones en positivo quieres ser para enfrentar esta situación y tomar decisiones. Comienza cada oración con "Yo soy." Repítela todas las mañanas al levantarte y en la noche antes de acostarte. Escríbelo, aunque en el momento no te sientas de esa forma. Escribe como te deseas sentir y como te quieres ser.

Ejemplo:

Yo soy fuerte

Yo soy saludable

Yo soy ágil

Yo soy vida

Yo soy abundante

Recurso IV: El ser y la intención

a. Dominando el miedo

¿Quién eres?

Cuando nos hacen estas preguntas tendemos a contestar yo soy fulano(a), damos nuestro nombre o nos identificamos con nuestra profesión ya sea soy secretaria, enfermero, abogada, el ingeniero tal, la esposa o el esposo de, y eso no eres tú. Eso es tu profesión y tu estatus civil. Para ser más claros esas contestaciones son del ego. El ego es la parte de nosotros que ha sido creado por lo que piensan los demás, por las influencias de lo que ves o escuchas, por lo que quieres poseer, es nuestra parte superficial y material. También el ego es la careta que usamos, la que se viste y hace cosas para impresionar a los demás, la que contesta o no para obtener reacciones de los demás, la que manipula, la que juzga, la que critica, exige, es inconforme, miente, y la que te hace infeliz. Todo lo que hacemos para salirnos con la nuestra es el EGO. El MIEDO y el EGO son uno. El ego es el miedo a no ser suficiente para los demás.

En la medida que alimentemos nuestro ser el ego en nosotros irá desapareciendo y con él, su hermano el MIEDO. ¿Por qué miedo ante el diagnóstico? Miedo a lo desconocido, a morir, miedo a no saber qué va a pasar, miedo al dolor, miedo a perder los seres queridos, los proyectos incompletos, etc. Cualquiera que sea, mírate ahora, estás aquí leyendo y vivo. La vida es aquí y ahora no te preocupes, ocúpate y dirás, "Wow ¿Cómo no me voy a preocupar?" Y te digo, preocuparte no te va a ayudar, te va a empeorar, pues el miedo baja las defensas del cuerpo. Si puedes encargarte de ti y cuidarte, hazlo. Pisa el miedo, y ocúpate de ti. El miedo se fundamenta en creencias ya sean ciertas o falsas. Para poder superar los miedos hay que enfrentar el origen de este, podría venir de improntas de la niñez o creencias por cosas que hemos escuchado o visto; se han arraigado en nuestro subconsciente limitándonos a vivir en base a ellas. Mediante ejercicios y técnicas prácticas y efectivas podremos ir superando los miedos que vienen del ego.

Entonces, ¿Que significa el ser? te preguntarás, algunos le llaman alma, espíritu, voz interior, otros le llaman conciencia; yo le llamo ser interior. Todos sabemos que nuestro cuerpo es solo la casa donde vive lo más importante, esa voz que eres tú, la esencia, tu espíritu. Es con quién puedes pensar y conversar, contestar preguntas, lanzarlas cuando no crees saber la respuesta. Tu parte bondadosa, tu parte amorosa, tu parte generosa y compasiva, tu parte armoniosa, la parte que ama crecer, jugar, reír, ayudar a los demás, dar amor, compañía, información, lo que sienta dar y donde está tú paz, eso es tu ser.

Buscar el ser es querer vivir con conciencia de lo que somos, hacemos y deseamos, no porque algo externo no los impone, sino porque es lo que sentimos y elegimos.

Para que el ser comience a emerger de nosotros, escuchémonos más que a los demás, conocernos más, amarnos más aceptarnos y aceptar a los demás como son, pues sólo podemos cambiarnos a nosotros mismos, esa es la clave renovarnos. Conócete, conecta con quién eres, con tus verdaderas creencias. Las personas que critican, que juzgan, que se quejan por todo, en el fondo son personas que no se aceptan, por eso no aceptan a otro y por lo tanto no son felices, no me creas, piénsalo.

¿Te imaginas una persona feliz quejándose en la mañana y molesto porque es feliz? No, ¿verdad? Yo tampoco. A mí me ha resultado mucho que las primeras palabras de mis días sean de agradecimiento. ¡Pruébalo! Y dirás, ¿Qué tiene que ver esto con el cáncer? Y yo te digo, ¡mucho! ¡Tiene todo que ver! Conectar con tu ser te dará felicidad y paz.

Para conectar con tu ser puedes comenzar por hacerte un autoexamen de como eras cuando niño o niña y ver qué cosas te hacían feliz. Recuerda y conecta con eso que de sólo recordarlo te emociona. Las cosas que querías hacer que, no has hecho, las cosas que te faltaron por probar, experimentar, ese, esa eres tú; búscate, ahí estás. Eso es un buen comienzo, piensa en todas las veces que has hecho cosas que no has querido hacer, pero las has hecho; Por el qué dirán, porque así se hace siempre, porque eres grande ya, porque eso es lo que dice el TV, tus padres, el doctor, el esposo, la esposa, por no molestar a otros, por quedar bien, por no herir, por cumplir. No te digo que seas grosero(a) con los demás, pero escúchate más. Si no quieres ir a un lugar o frecuentar a alguien, no lo hagas si no lo sientes; si no te sientes bien, ese es tu ser avisándote por ahí no es. El ser humano es un compuesto, la misma palabra lo dice ser – humano, un ser en un cuerpo físico. Tú no eres tu cuerpo. Hay una oración que aprendí cuando tomaba Prana Healing que dice, "Yo no soy el cuerpo. Yo no soy las emociones. Yo no soy los pensamientos. Yo soy el alma. Esa yo soy. Yo soy conectada. Yo soy una con mi alma superior."

Así, prosigue diciendo todo lo que somos. Descubrir tu ser es un viaje de autoconocimiento.

"Solo nos convertiremos en lo que somos a partir del rechazo total y profundo de aquello que han hecho de nosotros."

--Jean Paul Sartre

Y repito, no eres la secretaria, el doctor, la ingeniera, la esposa, el esposo, esas son identidades externas impuestas por roles que nos identifican para diferenciarnos de los demás; son parte de una identidad del tener.

"Si soy lo que tengo y lo que tengo lo pierdo, entonces ¿Quién soy?"

--Erich Fromm

En el libro *Coaching para el ser* (2017), la autora nos habla sobre el tener:

"Incluso el lenguaje se ha convertido en una muestra de alineación existente donde tener la preocupación central, por eso, 'tenemos un problema,' 'tenemos insomnio' 'tenemos un matrimonio feliz,' 'tenemos una enfermedad,' todo puede ser convertido en una posesión."

--Jackeline Betancourt

Por esto en la medida en que alimentemos nuestro Ser, somos, no tenemos. Estaremos satisfechos con nuestra forma de vivir, la hemos elegido sin cumplir las expectativas de otros o la sociedad.

Al conocerte sabrás lo que quieres y lo que eres capaz de hacer y ser. Te da la seguridad más importante que puedes tener, la interior. Nada te la puede quitar, cuando la tienes; ninguna situación te la puede arrebatar porque está dentro de ti. No depende del carro de la casa, del dinero, de la fama, del doctor, de la salud, de donde estés, ni lo que estés atravesando porque todo eso se puede perder. La seguridad que viene del autoconocimiento no se pierde jamás, es un poder, actívalo si no lo has hecho. Se dice que realmente conocemos a alguien en situaciones difíciles de mucha tensión, porque es en esas situaciones que se revela quienes son, lo que tienen adentro y lo expresan de diferentes formas como el miedo, ira, tristeza, como hablan, depresión, etc. Como ves la vida así eres tú, si la ves alegre así eres, si la ves caótica así es para ti, sólo para ti, tú escoges. Hacen cinco años yo me redescubrí, comencé conectando con las cosas que quería hacer de pequeña y por alguna otra razón se quedaron pendientes, empecé por anotarme en clases de spinning, correr 5k, luego los patines, luego bicicleta, y luego carreras en monte. De esta forma comencé a encontrar mi felicidad, independencia, poder personal, y a mi ser interior, y sabes, me dejaron de interesar muchas cosas que hacía que no me generaban felicidad, eran cosas que hacía como autómata. Fue un cambio de canal radical. Y dirás, ah, pero yo no puedo hacer nada de eso ya, soy mayor, me duele la rodilla esto o a aquello, y te diré el gozo está en la mente, siempre se puede hacer algo para conectar con la felicidad. Cambia tu rutina, camina, pinta tu cuarto, lee, ve películas cómicas, documentales de viajes, paisajes, lo que sea que te guste o quieras aprender. Sal de todo lo que no te hace bien, de lo que te roba la paz, relaciones, trabajo, tensiones. rencores, odios. Perdona lo que te hicieron, perdona lo que te has hecho, y sigue creciendo libre de cargas. Sabes todo esto roba las energías y no aporta a tu felicidad; todo eso te ata al pasado, también es cáncer en tu cuerpo, ¡Sácalos!

En el libro *Tus zonas erróneas* de Wayne Dyer (1976), en sus últimas páginas hay una descripción muy hermosa de lo que estamos destinados a ser luego de trabajar en nosotros y de esta forma vivir plenos, llenos de felicidad y en paz con todo lo que nos rodea. Entre las cosas que estas personas hacen según su autor están:

Cáncer, Mi Mejor Maestro

"Disfrutan de lo que le trae la vida, disfrutan su independencia, aman y respetan el derecho de los demás a tomar sus propias decisiones, ausencia de lamentaciones.

Sienten entusiasmo por la vida y quieren todo lo que pueden sacar de ella.

"Les gusta la lluvia, los días soleados, el fango, la playa. Aunque las molestias como enfermedades, sequías, mosquitos no les producen placer ni las aceptan con entusiasmo no gastan sus energías quejándose, ni deseando que no fueran así, aceptan sus errores y se comprometen a no repetirlos, no manipulan a los demás, ausencia de juicios, ni se pasan diciendo lo malos que han sido, no discriminan, aprenden de todo lo que les sucede, viven en el presente, no se preocupan, toman acción."

Todo esto parece difícil pensarás; tal vez, es un esfuerzo, es autodisciplina y tu felicidad y paz lo vale.

Enfrenté uno de mis peores miedos en noviembre del 2018 decidí a comenzar a entrenar para mi segundo medio maratón luego de haberme recuperado del breve tratamiento hormonal y de suero para los huesos. Esta carrera significaba mucho para mí. Ya llevaba un año diagnosticada y dos intentos con quimioterapia fallidos para mí. En enero 2019 entrenando con un poco de dolor en la ciática, fui a hacerme un estudio de los huesos llamado bone scan un miércoles. El viernes me hicieron una placa. El sábado sintiéndome mejor a una semana de la carrera salí a entrenar con un amigo que también la haría. Él llevaba mi bulto de agua para que yo no llevara peso encima, cuando le dije que parara para tomar agua y seguir en la milla 3, mi pierna no respondió y no sentía ya dolor. Paramos e intentaba bajar la pierna y caminar, pero no podía. Paramos, me ayudó a sentarme en la arena ya que la ruta hermosa quedaba al lado de la costa y allí me acosté en la arena y lloré, no por dolor, ya no sentía nada, sino pensando en que me pasaba, en que haría si no podía caminar, en la carrera. Esa semana me dieron los resultados del bone scan que es un estudio profundo especializado en los huesos. Salió negativo el estudio. El miércoles antes no había fractura ni fisura. Allí en la arena llena de miedos entregue mi sueño de correr el medio maratón.

¿Y tú quieres entregar tu sueño ahora o dominar tus miedos?

¿Quieres vivir como hasta ahora o te interesa mejorar? Te invito a que lo desarrolles, a que comiences esa búsqueda interior de ti de tu ser.

Ejercicio

Desnudando los miedos

Busca un espacio en tu casa y por 10 minutos durante dos días con lápiz y libreta:

1. Realiza una lista de tus miedos.
2. Escribe los recursos necesitarías para enfrentar esos miedos.

Los siguientes dos días:

1. Escribe cómo logras superar esos miedos.
2. Visualízate logrando vivir sin esos miedos.
3. Escribe como te sentirás al lograr no sentir los miedos, luego léelo cierra tus ojos, siéntelo vívelo.

Mi miedo más profundo en ese momento era no poder correr y dejar todo lo que me hacía sentir libre, plena independiente, y así fue. No pude hacer el medio maratón, aunque fui a apoyar con mucho dolor físico y emocional. Busqué mi número de corredora el día antes, pues ya había pagado la inscripción. Madrugué para apoyar a mi amigo y hacerle las fotografías del día, el mismo amigo que estuvo conmigo cuando me fracturé. Vi la salida de los corredores y su alegría, su emoción. Allí mientras todos pasaban corriendo, yo vestida con mi ropa de correr y en puro dolor, no podía estar sentada por el dolor y parada dolía un chin menos; me alegraba y emocionaba por todos los que corrían, sentía la vibra, la alegría de todos y por los que la caminaron, yo ni eso podía hacer. Me preguntaba si podría volver a ser como antes. Pensaba en como mi vida se estaba transformado a causa del cáncer. Y allí estaba yo dándole cara a la carrera para la que había entrenado, la que quería hacer con más deseos que el año anterior, alegrándome por los demás aplaudiendo en el dolor, disfrutando como espectadora lo que se siente la travesía de la ruta.

b. Los días malos

¿Qué es un día malo?

Un día malo es algo subjetivo; lo que puede ser malo para unos puede ser bueno para otros, todo depende de la forma en que lo veas, lo vivas, y en lo que te enfoques. Para unos un día malo puede ser un día de trabajo con lluvia; para otros un día con lluvia puede ser un día divertido y placentero. Saber que relacionamos lo bueno y lo malo según las experiencias que hemos tenido en el pasado.

Los días malos para un paciente también pueden ser días de mucho aprendizaje.

Un día "malo" para un paciente se puede arreglar o cambiar su percepción de este, si recibe una visita o una llamada inesperada de alguien amado para saber de él o solo escucharle. Un día de dolor físico puede ser un día malo, un día donde no se puede parar de su cama, un día donde lo invaden pensamientos acosadores, un día donde no nos sentimos fuertes de ánimo ni físicamente, un día donde tenemos tanto en la mente que no podemos concentrarnos en nada, ni pensar bien. Los días donde no queremos hablar porque es tan intenso lo que sentimos que no se puede expresar. Los días donde la ira nos invade y el espíritu se queja, días dónde no queremos hacer nada y tenemos que hacerlo, un día de noticias negativas. Un día donde descubrimos que un amigo nos ha dejado o se ha alejado de nosotros.

"Por tanto toma toda armadura de Dios, para que podáis resistir en el día malo, y habiendo acabado todo estad firmes."

-- La Biblia, Efesios 6 versículo 13

En estos días así es importante que te reconozcas que no niegues como te sientes, pues son parte del proceso de aceptación, de conocimiento, de aprendizaje y cada vez que lleguen estaremos más preparados para afrontarlos y dejarlos pasar. En la medida en que los reconozcas podrás emplear herramientas que te puedan servir para que cada vez sean menos días y menos tiempo en el que te sientas mal.

No crean que no he tenido días y semanas donde me he aislado, donde no quiero hablar, donde he llorado mucho pidiendo fortaleza y guía. Sí, los he tenido y también he tenido personas que me llaman sin saber cómo me siento y me han ayudado a volverme a enfocar. Los días duros para mí son provocados por dolor, por presión económica, por responsabilidades, y porque llegó un momento donde me cansé de lo que comía, de cocinarme, hacerme los jugos, tomarme los suplementos, todas las rutinas, un momento donde para mi había probado ya todo y sólo quedaba esperar.

Gracias a una recomendación de mi terapeuta me evaluaron y diagnosticaron depresión a los dos años y nueve meses del diagnóstico. Estaba apática, no me emocionaba nada, no quería comer lo que tenía que comer, sólo quería estar sola y llorar. Lo que sentía era tan fuerte que se me olvidaban las herramientas que ya había puesto en práctica y conocía. Y sabía lo contraproducente que es una depresión cuando estás en un proceso de sanar. La tristeza debilita y envía señales adversas al cuerpo. Afecta el sistema nervioso, afecta el sistema inmune, la perdida cognitiva, falta de sueño, entre muchas otras y como ves todo, esto es lo contrario a lo que se busca en un paciente de cáncer. La depresión siempre es causada por una o varias situaciones que deseamos cambiar ya sean viejas o nuevas, conscientes o inconscientes. Al no cambiar nos llevan a la frustración, desesperanza, y agotamiento.

La depresión es la señal de que estamos cansados, insatisfechos y necesitamos cambios. Necesitaba ayuda celestial y terrenal, reconocerlo fue el primer paso. Este representaba otro problema para mí ya que es un auto ataque de la herramienta más poderosa que tengo y que tienes, tu mente, la que genera los pensamientos que desencadena en emociones. La depresión es un ataque mental y emocional que hay que ganar. No confíes ni le creas a las voces acosadoras, rétalas, haz todo lo contrario a lo que te piden. A veces hay que mirar los pensamientos y solo dejarlos pasar, no hacer nada con ellos, sólo observarlos y ver que esconden. Por lo general, los pensamientos acosadores provienen de miedos, de miedos al presente o al futuro. A veces hay que llamar a un amigo, a veces a un terapeuta, coach, psicólogo o psiquiatra, pero busca ayuda, no te quedes callado. Hay mucha gente que subestima la depresión aun teniendo data y estadísticas de vidas terminadas por la misma. Es pasajera, sí, pero con ayuda.

"El dolor es pasajero no es opcional, el sufrimiento sí."

Mary Luz

c. Enfrentando los pensamientos y las creencias

Según la Real Academia Española, "La intención es determinación de la voluntad de hacer cosas en un orden para alcanzar un fin."

Para dominar los miedos tenemos que examinar las creencias y como son nuestros pensamientos. El miedo es una emoción pasajera de alerta, es desconfianza, es fe en el mal, temes por lo que crees, puede ser algo real o imaginario. El miedo baja tus defensas, te debilita, anula tus capacidades de decisión y de usar la razón. Puede causar taquicardia, paralizarte, sudoración, el corazón bombea más sangre, activa el sistema nervioso simpático, el que a su vez nos activa la hormona del cortisol causándonos estrés, y este a su vez apaga el sistema inmunitario, provoca insomnio, y muchos síntomas más. Los miedos se superan o se apoderan y te mantienen atado esperando lo peor.

Basándome en todo esto te pregunto: ¿Cómo quieres vivir ahora? ¿Cuál es tu intención en la situación en la que te encuentras? ¿Tomarás acción? ¿Cuál es tu intención en esta vida? ¿Cuál es tu intención ante la enfermedad? ¿Qué es lo que crees sobre el diagnóstico de cáncer? ¿Qué quieres hacer con eso? ¿Qué crees? ¿Cuál es tu intención al pensar cómo piensas? ¿Te es útil pensar así? ¿Cómo te beneficias? El empleo de las preguntas poderosas ayuda a mirar las situaciones en tu vida de diferentes posiciones perceptuales en congruencia con tus objetivos. Pues todo lo que hacemos genera resultados y en ese sentido es fundamental saber la intención que tenemos para dar los pasos en esa dirección y lograr los objetivos deseados.

La intención lo es todo en los resultados que obtenemos, en todos los aspectos, cuando actuamos sin pensar dejándonos llevar por los primeros pensamientos que nos vienen, o impulsos, los resultados probablemente no serán a fines con nuestra intención. Se puede escoger la intención y tomar acción en consecuencia de ella.

Por esto cuando un pensamiento nos diga que hacer, antes de actuar, pregúntate: ¿Cuál es la intención de este pensamiento? ¿De este acto? ¿Has examinado tus creencias de dónde vienen? ¿Quién te las enseñó? ¿Que viste? ¿A quién te pareces actuando así? Todo esto forma parte de cómo se crean nuestras creencias. No te has puesto a pensar, ¿Por qué unos pacientes se recuperan más rápido que otros? Unos se sanan y otros no, unos se echan a morir y otros no. La diferencia es lo que creen y sus intenciones, lo que piensan y en consecuencia su actitud y sus acciones en pro de sus objetivos. Cambia tus creencias llenándote de nueva información, desmitifica las pasadas que no te son útiles y comienza a escoger en lo que vas a creer que apoye tus metas.

Cáncer, Mi Mejor Maestro

El científico y biólogo celular Bruce H. Lipton, a partir de un experimento con las células del cuerpo en su libro *La biología de la creencia* (2016.), concluyó que,

"Los genes y el ADN pueden ser manipulados por las creencias de una persona. También afirma que las células y que el ser humano puede ser condicionado por su entorno."

Cuando éramos pequeños creíamos tantas cosas que ya no creemos, nos dimos cuenta de que nuestros padres nos mintieron y que el cuco no existía. Aprendimos tantas cosas que no son ciertas. Crecimos, aprendimos otras cosas, hicimos nuevas creencias. Lo mismo puedes hacer ahora y siempre, ¡Renueva tus creencias!

En el libro *Como cambiar creencias con PNL* de Robert Dilts (2013), nos plantea varias preguntas para poner en perspectiva lo útiles o inútiles que nos pueden ser las creencias y como pueden obstaculizar nuestros objetivos: "¿Qué crees tú que causa el cáncer? ¿Lo causa algo que tu hagas? ¿Es algo que tú creas? ¿Lo causa algo en tu medio ambiente? ¿Es el cáncer parte de tu ser? Del tipo de tus creencias dependerá la forma en la que intentes tratar el cáncer. Si crees que es un castigo de Dios, ello condicionara totalmente, la forma en que deberás tratarlo."

Ejercicio

Confronta tus creencias:

1. Realiza una lista de lo que crees sobre el cáncer.
2. Explica las razones para creer eso.
3. Busca al menos cinco casos que evidencien lo contrario a tu creencia.
4. ¿Qué te gustaría pensar y creer sobre el cáncer?
5. ¿Cómo te sientes ahora?
6. ¿Cómo te beneficiaria tener esa nueva creencia?

El sólo hecho de saber cuál es tu intención puede clarificar qué pensar, creer, y cómo actuar en concordancia a los resultados que quieres obtener. Si tu intención es sanar tu cuerpo, es preciso que veles todo lo que consumes por la boca, la mente, por los ojos, lo que escuchas, qué dicen tus palabras, tu intención es sanar todo, no sólo el cuerpo, el lenguaje, tu corazón, tus relaciones, tu medioambiente. Cuando todo el día la pasamos viendo periódicos, noticias, radio, la mayoría de las cosas que vemos son negativas y eso va ocupando un espacio en nuestro subconsciente de negatividad, de fatalismo, y nos programan. Si tu objetivo es sanar, evítalos, busca las noticias que quieres ver, las que te darán esperanza y aliento, ¡Ocúpate! La sanación es integral, mental, física y espiritual. Si esa es la intención, vamos a buscar cosas dirigidas a nuestra intención, lecturas de salud, testimonios de gente que se ha sanado, estudios que se han hecho con respecto al tema, audios, libros de crecimiento espiritual, actividades físicas cónsonas con nuestro estado físico, hablar sobre salud en vez de enfermedad. Si lo haces de seguro obtendrás resultados positivos porque cuando hay acción hay cambio.

Las quejas aumentan nuestra sensación de infelicidad: ¿Crees un dolor disminuye por decirlo y quejarse? No, no lo hace, de hecho, se puede magnificar. ¿Cuál es la intención quejándonos, lamentándonos? ¿Qué beneficio sacamos con sentir miedo? ¿Qué beneficio le ves a seguir haciendo lo mismo que has hecho hasta ahora?

Durante mi proceso cuando estaba en dolor me quejaba mucho de dolores y básicamente no hablaba, y si hablaba era para hablar del dolor, generalmente me aislaba, pues quejarme me cansaba, me hacía sentir peor, aparte de que la gente que te rodea se cansa también, porque no pueden ayudarte. Hay algo en nosotros que detecta las energías bajas y nos alejamos de la gente estilo nube negra, todo lo ven malo, mal, fatal y aunque un paciente de cáncer tiene una situación particular, los seres que lo rodean se cansarán, sobre todo si la persona se está lamentando y quejándose todo el tiempo. Es un camino donde se necesita apoyo, familiar y profesional. Yo lo encontré usando las herramientas que aprendí.

En alguna parte leí en una ocasión durante este camino, un escrito que decía,

"Nadie podrá salvarte". Esto me impactó mucho en ocasiones ponemos nuestra fe y esperanzas en los medicamentos, en la gente su apoyo, en el dinero que tenemos o en el que podemos conseguir, en los doctores, en los tratamientos, pero la verdad es que estos no te salvarán, te salvas tú, con tus intenciones pensamientos con tu actitud y acciones.

Cuando hablo de salvarte hablo de tu estado de ánimo, de tu actitud, aptitud, de tu propia ayuda ante la vida y situación. Ser inspiración, no lamentación, ni víctima y ¿Por qué no? Hablo también de sanarnos todo es posible si se cree.

Mi intención no es luchar, pues lo que resistes persiste, luchar es invertir tu energía en guerra, es ir contra algo; no voy contra nada, voy a mi favor. Mi intención es superar la enfermedad aprendiendo de ella, tener como actitud la serenidad con lo que hago, ser mejor persona con lo que extraiga de esta situación, usarlo para mi mayor bien, aportar a otros, y ser feliz en las circunstancias que esté.

Cáncer, Mi Mejor Maestro

Según Wayne Dyer en su libro *El poder de la intención* (2006) "La palabra intención tiene la connotación de que nada se interpondrá en nuestro camino, de que saldrá bien contra viento y marea da igual la oposición que encuentre tengo la intención de hacerlo."

Se pueden interponer muchas cosas en nuestro camino, si sabemos lo que queremos y cuál es nuestra intención con nuestros actos, no habrá obstáculo que te robe la paz, la alegría, ni tus deseos de moverte a lo que quieres lograr.

"Ciertamente alguien puede echarte una mano, pero al final eres tú mismo el que tiene que comprar tu propia salud. Ya sea comprándola con dinero, yendo algún terapeuta o consejero de alguna clase, o la compras con tu energía. Genera más energía y sanarás tu vida."

-- Stuart Wilde

Comencé a tomar terapia física para manejo de inflamación y dolor y al siguiente mes en febrero ***2019*** volví a caminar la ruta donde me había fracturado. Fue un día duro, pues aún sentía dolor a cada paso, pero la alegría que sentía de estar allí nuevamente en el monte me recordaba quien soy, una persona alegre, una persona capaz de comenzar las veces que sea necesario. En vez de correr, esta vez caminaba. Ahora viendo desde otro ángulo y con otros pensamientos. Yo disfrutaba esta experiencia con más apreciación, y gratitud. Mi intención es seguir caminando si no puedo correr. Al igual que creciendo y aportando a otros mientras yo pueda.

d. Hablar diferente

Las palabras crean las cosas que experimentamos, cuando decimos hoy he comenzado mi día con la pierna izquierda estamos decretando un mal día y así se cumple. Cuando decimos tengo mala suerte así es, cuando decimos soy débil, enfermizo; la gente es mala eso es lo que el universo nos devuelve. La razón es que las palabras son energía. Escogemos todo el tiempo que pensar que sentir y las palabras que pronunciamos. El lenguaje es energía y denota nuestra vibración de ahí cuando escuchamos decir esa persona es mala, vibra. Es un poder que se nos ha regalado y decidimos como usarlo y de acuerdo con eso será lo que veremos manifestado en nuestra vida. Sé impecable con tus palabras no hables contra ti ni de lo que no quieres que pase. Habla sólo de lo que quieres que suceda.

"Del fruto de la boca del hombre saciará su vientre; se saciará del producto de sus labios. La muerte y la vida están en el poder de la lengua y el que la ama comerá de sus frutos."

--La Biblia, Proverbios 18:20

También en la Biblia recordemos la historia de David y Goliat que antes de enviar la piedra David envió la palabra. Cambia tu lenguaje, dirígelo a lo que quieres y lo que llegará será diferente.

"Las creencias moderan nuestra salud."

--Bruce H. Lipton

La acción es energía y la creamos con nuestros actos dirigidos por nuestras intenciones, pensamientos, y lenguaje. Aquí tienes un ejercicio para que comiences por comprometerte contigo:

Ejercicio

Pacto contigo

Crea tu propia intención ante tu situación:

Yo_______________________________________

declaro hoy __________ de 20___, que mi intención es hablar________

sobre____________________________________ y me comprometo a actuar en concordancia con mis palabras ____________, ____________, __________, para lograr mi______________________________.

Pacto conmigo

Crea tu propia intención ante tu situación:

Yo Mary Luz Bruno Pérez declaro hoy 1 agosto de 2019 que mi intención es sanar y aprender de todo lo que me suceda. Para ello voy a enfocar y dirigir mis pensamientos alineándolos con mi propósito, voy a hablar y tener una actitud positiva, de esperanza en esta etapa de mi vida. Me comprometo a actuar en concordancia con mis intenciones. Eliminaré de mi vocabulario las palabras, no puedo, las quejas, culpa, critica, auto pena, y todo aquello negativo que me genere malestar para lograr mi sanidad integral y bienestar.

Esto lo puedes hacer con la enfermedad, decreta como te quieres sentir en el día y te aseguro que es una orden a tus pensamientos. Llegará ayuda de tu mente para apoyar tu intención. Habla salud, si te preguntan cómo estás, di bien y mejorando, cada día mejor. Dirás, ¿Cómo quieres que mienta? ¿Cómo voy a obtener atención y ayuda si digo que estoy bien? Ahí llegamos al punto, la atención te la debes dar tú, los cuidados también, siempre que puedas y no estés impedido físicamente, nadie puede cuidarte mejor que tú mismo. Habla salud, no te sumerjas en lenguaje fatalista, de miedo, de derrota, habla victoria. Elimina estas palabras de tu lenguaje;

pero, trato, debo, y tengo de tu lenguaje. Todas estas palabras son de baja energía, pues algunas son excusas y pérdidas de tiempo y otras nos hacen sentir sin poder decisional. Cuando utilizamos debo o tengo constantemente en nuestro vocabulario inconscientemente, nos sentimos obligados y sin poder de elección. Para sustituir estas palabras podemos utilizar quiero, elijo, o voy a hacer. Para sustituir, pero, podríamos utilizar, sin embargo, en adición o, por otra parte.

"Lo que sale de la boca, del corazón sale y esto contamina al hombre."

--La Biblia, San Mateo 15 ver 18

Recurso V: La determinación de hacer

La determinación de hacer tiene que ver con la acción, decisión, movimiento con ejecutar, y para hacer hay que tener voluntad. Según la Real Academia hacer es producir algo, fabricar, darle forma a algo; para todo esto usamos el pensamiento.

En el libro *Cómo hacer que te pasen cosas buenas* la autora Marian Rojas (2018) entre las herramientas que nos da están: "Fijar metas y objetivos en la vida, ejercitar la voluntad, poner en marcha la inteligencia emocional, desarrollar asertividad, evitar el exceso de autocrítica y autoexigencia y reivindicar el papel del optimismo."

Estos también son parte de los recursos que yo he puesto en práctica a través del coaching que he recibido. Todas estas cosas son clave en lo que como pacientes nos toca hacer, en adición al tratamiento que escojamos.

"Los pensamientos generan energía. Con buenos pensamientos podemos curar, con malos pensamientos podemos enfermar."

-- Bruce H. Lipton

a. Los tratamientos

Estos son los tratamientos y ayudas alternativas algunos mejoran tu estado de ánimo, niveles de dolor, y equilibrio en el cuerpo.

Alternativas de medicina tradicional con oncólogos:

- Operación
- Quimioterapias por vena
- Tratamientos químico - hormonales en pastillas
- Radiación

Tratamientos de medicina natural e integrativa:

Tratamientos naturales bajo supervisión de naturópatas y de doctores oncólogos tradicionales que integran la medicina alternativa:

- ✔ Terapia Gerson (México)
- ✔ Dieta alcalina
- ✔ Antineoplastones (fase de experimento)
- ✔ Vitamina C intravenosa, ozono, B17, glutation
- ✔ CBD oil
- ✔ Hipertermia
- ✔ Medicación viviente (inmunoterapia), inyección de células inmunes (Ver Judi Perkins BBC)
- ✔ Baños de ozono

- ✔ Arcilla (medicina alopática) barro
- ✔ Quelación en suero (elimina los metales pesados en el cuerpo)
- ✔ Té de yerbas medicinales
- ✔ Cambio de dieta
- ✔ Alternativa casera para quelación son los tés de cilantrillo

"La enfermedad es el esfuerzo que hace la naturaleza para curar al hombre."

--Carl G. Jung

Para el dolor físico o emocional:

Prana Healing,

Medicina china acupuntura

Moxa

Reiki

Bio-reprogramación

Meditación naikan

Masajes con piedras calientes

Hemp oil

Aromaterapia

Herbología

Homeopatía remedios de flores de Bach (tinturas que se utilizan para enfermedades emocionales trastornos sicológicos).

Brincar en trampolín

Terapia auditiva de frecuencias

Uno de los aspectos importantes con los que hay que trabajar es con el de los perdones. Perdonarnos por cosas que hemos o no hemos hecho, y por lo que hemos permitido que nos hagan. Atender y trabajar los perdones de nuestros niño o niña interna. Hay muchas cosas que tal vez nos sucedieron en la niñez y pensamos conscientemente que eso quedo atrás y que lo superamos. ¿Sabes qué? Hay que trabajarlo y sanarlo.

En ese trayecto descubrí muchos resentimientos que tenía que venían de mi niñez. Me considero una mujer fuerte en todos los aspectos. Sin embargo, tuve un padre enfermo ausente mental y emocionalmente lo que me hizo crecer con una necesidad de aprobación, amor incondicional, y seguridad de parte de la figura masculina y no lo vi hasta ahora en mi proceso de sanar mi alma. Como eso fue lo que tuve en mi niñez y no estaba consciente, eso es lo que me atraía en las parejas. Cuando lo descubrí terminó el ciclo y sané. Otro de los aprendizajes de este trayecto ha sido aprender a recibir dinero y ayuda. Durante mi vida aprendí que debía conseguir las cosas por mí y no deberle a nadie favores ni nada porque sería una carga económica o lo sacarían en cara. Así que inconscientemente no permitía que me pagaran nada ni me hicieran favores; incluso prefería yo pagar.

Luego de mi diagnóstico solicité en mi trabajo como maestra un acomodo razonable ya que los tratamientos químico-hormonales no me permitían estar lo suficientemente bien como para trabajar. Así que me fui con certificados médicos de los oncólogos por enfermedad hasta que agoté los días. Luego en la escuela donde trabajé por 17 años, la bibliotecaria Glenda Soto, hizo una campaña de donación de horas de mis compañeros y de otras escuelas hacia mí y estaré siempre tan agradecida por ellos. Estuve un año en gestiones de acomodo, pero me indicaron que no se podía. De hecho, me llegaron hacer una entrevista para ver para que otros puestos cualificaba, pero no había plazas disponibles.

Enfrenté la inseguridad económica, tuve que renunciar a mi trabajo como maestra y el retiro me entregó el dinero acumulado por el tiempo trabajado. Con ese dinero mantuve mi hogar y mis tratamientos por un poco menos de un año.

¿Qué he hecho yo?

He hecho muchas de las cosas arriba mencionadas, entre estas, perdonar y perdonarme. Trabajar en mejorar como ser humano, Prana Healing, hipnosis, bio-reprogramación, alimentación alcalina, ayuno intermitente, Fasting, vitamina C intravenosa, cambios de alimentación, jugos verdes hechos en casa, los tés verdes, suplementos naturales, acupuntura, ejercicio físico, cataplasmas para los senos actualmente trato también con medicina china, y tengo coach de vida.

Me trato con varios doctores un Dr. radio-oncólogo de medicina integrativa que se ha encargado de mi tratamiento de vitamina C, Dr. Víctor Marcial Vega por los últimos tres años. El Dr. de medicina natural a cargo de mis suplementos, Dr. Román, en adición oncólogo tradicional y medicina integrativa pendiente a mi estado, Dr. Raúl Morales Borges, aunque no uso nada químico el respeta mi decisión. En adición me encargo de mi alimentación y cuidarme.

La Dra. Kelly Turner como resultado de una investigación alrededor del mundo con personas que se han sanado de cáncer en su libro 9 *Claves de la Remisión Radical* (2015) en este comparte nueve cosas en común que todos estos pacientes ya sanos hicieron en su proceso de sanación. Estas son:

"Cambio radical de dieta, toman control de su salud, uso de hierbas y suplementos, liberan emociones reprimidas, aumentan emociones positivas, aceptan apoyo social, profundizaron su conexión espiritual, tienen fuertes razones para vivir y siguen su intuición haciendo lo que les viene bien."

b. Autocuidados

¿Qué son los autocuidados? ¿Cómo te cuidas? ¿Te sientes merecedor de salud?

¿Cómo te das amor? ¿Para qué quieres vivir? ¿Cómo te mimas? ¿De qué forma te hablas? ¿Qué piensas de ti? ¿Del uno al diez cuanto te amas?

Todas estas preguntas están fundamentadas en cómo te cuidas, en tu amor propio y en tus planes para la vida. Cuando somos adultos y tenemos hijos, padres mayores, abuelos, sobrinos o familiares enfermos, culturalmente nos educan para ser considerados con los demás y cuidar a los que amamos. Respetarles, como hablarles, tratarles, protegerlos, pero por lo general lo que no nos enseñan es dárnoslo a nosotros mismos y a tratarnos bien. "Ama a tu prójimo como a ti mismo," dice la Biblia. Ya decimos amar a nuestro prójimo. ¿Cómo nos amamos a nosotros mismos? Si no tenemos amor para nosotros, ¿Cómo amamos a los demás? No podemos cuidar más a otros que a nosotros mismos, eso es antinatural, primero nosotros y luego el prójimo. Sabes, no es egoísmo ni egocentrismo, es un mandamiento, es lo natural.

Louise Hay nos da en su libro *Amate a ti mismo* (1990) una lista de cosas que debemos hacer para comenzar a amarnos, entre estas, dejar de criticarnos a nosotros mismos, evitar pensar en cosas que nos atemoricen, ser agradable, amable, y paciente contigo mismo, y se amable con tu mente. También relajarnos, elogiarnos, apoyarnos a nosotros mismos, cuidar de nuestro cuerpo, y alimentarnos bien.

A veces hablando de nosotros mismos nos devaluamos para excusarnos y que nos acepten. Decimos yo soy olvidadizo(a), loco(a), desorganizada(o), regona, mandona, etc. Todas estas devaluaciones se reafirman en nuestro subconsciente y no provocan cambio, si no proliferación de esas conductas que forman parte de una zona de confort en nuestro consciente. Eso no es lo que eres, eres capaz de cambiar, de ser diferente, de evolucionar, y de transformarte en lo que tú quieras. Sólo hace falta ver que otras opciones y tener la voluntad de hacerlo. Todos vinimos a este mundo a algo. ¿Cuál es tu propósito aquí? ¿Vivir para qué? ¿Qué te motiva? Busca estas respuestas en ti; esto que te pasa ahora tiene un propósito, aunque ahora no lo veas.

Después de las etapas de tratamientos químicos que fueron breves pero dañinos, tuve que depender de mis hijos y amigos para levantarme de la cama, caminar, y para guiar. Cuando decidí no tomar más tratamientos por sus efectos negativos, investigaba sobre alimentación, tratamientos, y estudios. Fui convirtiéndome en mi propia enfermera, es un trabajo de tiempo completo y ni se diga si tienes que salir, alimentación, jugos, y suplementos. Esto me ayudado a disciplinarme organizarme; he aprendido que todo lo que como tiene su efecto en mi cuerpo, en mi fuerza física y en mi estado mental. No te voy a negar que me ha costado y que hice desarreglos, pero de ellos he aprendido a escuchar mi cuerpo.

Para darnos y cuidarnos tenemos que ser nuestros mejores amigos. Si te degradas esperando que te aprueben y no lo hacen, tú eres el responsable, nadie apreciara a alguien que se desprecia. Hablar bien de ti, tratarte bien es una forma de cuidarte. Otras formas de cuidarte son sacar tiempo para distraerte, ejercitarte, estar a solas, escuchar música, leer un libro, dar un paseo, recibir un masaje, darte un baño de agua tibia, ir a la playa, al campo, lo que sea que te guste y que te relaje, eso es cuidarte. Pon límites de cuánto tiempo pasas ocupado en cosas que no te ayudan, haz el tiempo, tú lo mereces. Tu cuerpo te ha dado una señal con esta enfermedad, pausa, atiéndelo, dale oxígeno, ejercicio, buena alimentación, paz, buenos pensamientos, risas, y amor, mucho amor.

"Para cambiar tu vida por fuera debes cambiar por dentro."

-- Louise Hay

c. Medioambiente

El medioambiente es todo lo que nos rodea, todo lo que de una forma u otra afecta nuestro entorno y por consiguiente a nosotros. ¿Dónde vives? ¿Cómo vives? ¿Te gusta el lugar donde vives? ¿Cómo es tu medioambiente mental hay pensamientos positivos o negativos? ¿De qué hablas? ¿Es crítica, rencores, odios? ¿Ves el mundo de forma negativa? ¿Qué personas frecuentas? ¿Son positivas o negativas? de ese medioambiente hablo. En el transcurso de la enfermedad es vital nuestro medioambiente mental y físico. ¿Donde? ¿Como? y ¿Con quienes vivimos? También las responsabilidades que tenemos, las que nos causan tensiones y preocupaciones ya que el cáncer es una enfermedad que se agrava por el estrés y tensiones. Una forma de liberarnos de algunas, si no de todas estas cosas, es delegando, y soltando el control de lo que te has hecho cargo hasta ahora. El espacio físico, aunque algunos dicen que no importa el lugar porque te puedes transportar, no es lo mismo transportarte y abrir los ojos en un espacio silencioso y sin gente, que un espacio donde hay vecinos gritando, quejándose, con música que se mete a tu casa sin tú quererlo. Sin embargo, abrir los ojos y ver la naturaleza, escuchar los pájaros, lo que sea que te de paz será muy beneficioso. No sólo 20 minutos si no la mayor cantidad de tiempo que puedas. Este sería un maravilloso objetivo buscar la paz todos los días, si el lugar físico donde te encuentras no te la provee, si cabe entre tus posibilidades, múdate, muévete unos días, hazlo tú lo vales y tu salud también. Has de reconocer que no puedes atender todo, ni cubrir las necesidades de todos, comienza por cubrir las tuyas. Baja el tren de vida y comienza a atender tu proyecto, que eres tú y tu salud. Crea un espacio si es que aún no lo tienes en tu casa para ti, una esquina al aire libre, una hamaca, sembrar, un lugar donde te sientas en paz en tu casa para estar contigo a gusto, toma una clase de algo que te interese. Aléjate de discusiones, del ruido, los afanes, las prisas, vive cada momento en cámara lenta, habla menos, observa y aprecia más, agradece más, sácale el mayor provecho a cada pulsación de vida en tu cuerpo.

Para mi este diagnóstico ha representado reconocer que no podía con todo, dejar de hacer cosas que no quería hacer, renunciar a mi trabajo, pedir ayuda, aceptar ayuda, reducir los ejercicios, cambiar mi dieta muchas veces buscando la adecuada, cambiar pensamientos, relaciones interpersonales, lenguaje, dejar ir metas, y forma de vida patrones de sueño. ¿Qué quieres cambiar tú?

“El hombre debe saber que, en el cerebro, y solo en el cerebro, surgen nuestros placeres, alegrías, risas y bromas, así como nuestras tristezas, dolores, penas y lágrimas. A través de él, en particular, pensamos, vemos, escuchamos y distinguimos lo desagradable, de lo hermoso, de lo bueno, lo malo, lo placentero y de lo poco placentero. Es lo mismo que nos enfurece o hace delirar, que nos inspira miedo, que nos provoca insomnio y ansiedades sin sentido. En estos sentidos, considero que el cerebro es el órgano más poderoso del ser humano." – Hipócrates

d. La alimentación

La alimentación es uno de los temas más estudiados en esta última década en consecuencia de las enfermedades, obesidad, diabetes, infartos, cambios metabólicos, enfermedades autoinmunes, salud neurológica, dietas, y otros. En algunos casos por moda, por salud, cáncer, por dietas para bajar de peso, por las enfermedades, y su aumento. Hay que tener presente que el objetivo de una dieta es mejorar en lo que sea que quieras. Todos los cuerpos son diferentes. Lo que les viene bien a unos no necesariamente les viene bien a otros. Ante el alza en las enfermedades llamadas incurables, autoinmunes, y el cáncer hay que reexaminar y pensar lo que estamos consumiendo, y qué nos aporta en nutrientes. Podemos aportar a nuestra salud para no convertirnos en los creadores de futuras enfermedades en nuestro cuerpo.

Según un artículo de México Produce de 2015 titulado "Alimentación saludable,"

"Una buena alimentación debe adecuarse a la edad, sexo, peso, talla y actividad física intelectual de cada persona. Se debe considerar también el clima y los estados especiales como embarazos, lactancia, enfermedades, etc."

También tenemos que identificar las deficiencias, estilo de vida, y realizar cambios para obtener otros resultados diferentes a los que nos han llevado a este diagnóstico. Tu cuerpo necesita unas cosas para funcionar bien y todo lo que entra por tu boca lo ayuda o lo destruye. Los alimentos que consumes no necesariamente son lo que tu cuerpo necesita. Tu cuerpo físico es como un niño que no sabe y come lo que le des. Te toca a ti y a tu mente racional decidir. Queremos ser conscientes de lo que consumimos y no comer por emociones, instintos o por placer. No es comer, es nutrirte, educarte, consumir lo que hace funcionar bien al cuerpo para tener una larga vida saludable.

Hay alimentos procesados, adictivos, y destructivos como el azúcar, edulcorantes químicos, y preservativos que poco a poco se van acumulando en el cuerpo hasta que se convierten en tóxicos produciendo así las enfermedades.

Los carbohidratos refinados, gluten, azúcar, la leche de vaca, los lácteos, mantecados de leche de vaca, todos estos tienen un efecto cumulativo en el cuerpo. Su consumo habitual durante años puede resultar en diabetes, colesterol alto, enfermedades autoinmunes, procesos inflamatorios, y desórdenes metabólicos. De hecho, el cáncer comienza con un proceso de inflamación no atendido adecuadamente. Lo que tomamos también es importante, es de todos saber que el agua del grifo está llena de cloro, flúor y otros químicos que se utilizan para su proceso de "purificación," que no es tal. Puedes purificarla en tu casa con dos gotitas de yodo de consumo con un limón o poniendo agua del grifo en una botella azul de cristal al sol por una hora o tres. De otro lado los jugos de china que nos venden son más azúcar que otra cosa. El proceso de hacerlos elimina todas las propiedades naturales y se las añaden sintética y artificialmente. Ojo con los llamados jugos "naturales" llenos de colorantes y jarabes endulzantes son veneno, si está en lata o botella comercial y expira en más de tres días no es natural.

Otros aspectos que afectan la salud también lo son la forma de cocinar los alimentos si son fritos, en la parrilla, si son orgánicos o no. El aceite que utilizas para cocinarlos es otro aspecto importante si aguanta temperaturas altas, si es saludable.

La ciencia ha comprobado que el segundo cerebro del ser humano es aparato digestivo. Cuando comemos, cada órgano extrae los nutrientes que necesita y desecha lo que no necesita. Si comemos cosas que no tienen nutrientes cuando cada órgano va a extraer los nutrientes extrae la comida chatarra que no los posee y comienza el déficit, almacena el azúcar como grasa en el cuerpo, en la sangre y en el hígado, etc. Todo lo que comemos nos aporta o nos resta energía. Tú decides. Los alimentos influyen en nuestra energía, cansancio, alegría, tristeza, enfermedades, o salud. Lo normal es evacuar tres veces al día, eso es un buen marcador de funcionamiento intestinal adecuado. Otros marcadores pueden ser ¿Cómo son sus digestiones? ¿Su nivel de energía después de comer? ¿Le da sueño después de las comidas?

La diferencia entre alimentarse y nutrirse ¿Para qué comemos? No se trata de subsistir porque cuando se come para subsistir y calmar el hambre, se puede comer lo que sea y las consecuencias en la salud son altas. Sin embargo, cuando nos alimentamos a conciencia y sabemos qué necesita nuestro cuerpo, cerebro, y órganos para estar bien es cuando escogemos alimentos que nos nutran y que contengan vitaminas, antioxidantes, fibra, proteína, y carbohidratos naturales de lenta digestión que no disparan el azúcar en sangre, gozaremos de buena salud.

La autora del libro *Alimentación consciente* (2013), Susan Powell, quien se sanó de cáncer sin tomar quimioterapias luego de un diagnóstico terminal, nos dice: "Si como correctamente, si digiero correctamente, si evacuo correctamente, puedo y asimilo bien los nutrientes, puedo disfrutar de lo que llamamos un confort digestivo."

Cuando comencé con el cambio de alimentación y escoger los alimentos de acuerdo con mi diagnóstico nunca había estado tan consciente de como mi cuerpo daba señales de rechazar ciertas comidas. Se fueron muchas alergias, los gases, los dolores de barriga, las malas digestiones, la inflamación en las coyunturas, y dolores de cabeza.

Ejercicio

Autoevaluación alimenticia:

1. Realiza un diario de alimentación por una semana.
2. Escribe lo que desayunas, almuerzas, y cenas.

Una hora después de cada comida clasifica como te sientes:

Energía del 1 al 10

Dolores de cabeza o articulaciones del 1 al 10

Antojos o hambre del 1 al 10

Alerta del 1 al 10

Sueño del 1 al 10

Irritabilidad del 1 al 10

Humor (Bueno) (Desgano) (Mal Humor)

Este diario te dará información clara de cómo reacciona tu cuerpo a lo que comes.

De esta forma podrás identificar y modificar una alimentación que beneficie tu salud.

Otro recurso que ayuda en los cambios alimenticios y autocuidados sería hacer

auto afirmaciones, por ejemplo:

Me gusta cuidarme y alimentarme bien es fácil y divertido.

Disfruto aprender recetas nuevas que beneficien mi salud.

Por primera vez a mis 44 años me plantee un cambio de alimentación. Yo pensaba que me alimentaba bien y resultó que no era así. No iba bien al baño, no dormía bien, no descansaba bien, no podía concentrarme en el trabajo, no me motivaban muchas cosas, utilizaba pastillas en ocasiones para dormir como curitas para suplir artificialmente mis déficits. Comía, pero no me alimentaba, mi dieta consistía básicamente en pastas, lácteos, plátano, arroz de vez en cuando, brécol, lechugas de vez en cuando. También carnes rojas, blancas, mariscos, así que yo pensaba que tenía una dieta balanceada, comía casi de todo. Al comenzar a estudiar las diferentes dietas me di cuenta de lo mal nutrida que estaba.

Los nutrientes son como trabajadores, reparan en nuestro cuerpo. Entonces, ¿Cuántos nutrientes tiene cada cosa que masticas? Según la Dra. Iris de Luna, endocrinóloga del Hospital

Universitario Quirón Salud Madrid, en su artículo "La dieta en el cáncer de mama" del 19 octubre 2018:

"Para comprender la importancia de la nutrición en la salud basta decir que se estima que un 35% de los tumores están relacionados con factores alimentarios."

¿Sabes que lo que consumimos afecta nuestro estado de ánimo?

Cuando comprendí que podía hacer algo para estar mejor me puse manos a la obra, por primera vez en mi vida cambié de alimentación. Comencé por mi cuenta añadiendo a mis comidas más verdes, eliminé carnes rojas, y la leche de vaca. Investigando y buscando alimentaciones para el cáncer encontré información sobre el pH del cuerpo y la alimentación alcalina. El pH optimo del cuerpo en sangre está entre 7.35 7.45. Si en sangre se mantiene así no nos enfermamos, cuando baja de estos niveles nos dan catarros frecuentemente, virus e infecciones. Los alimentos al igual que nosotros tienen un pH fuera de nuestro cuerpo y algunos al entrar al cuerpo cambian. Hay muchas tablas sobre los pH de los alimentos en el Internet, es un tema muy documentado y útil para aprender. Asociar los alimentos y el azúcar con las enfermedades sería una buena herramienta dejar de consumirlos.

Esta información no me la dio ninguno de mis oncólogos tradicionales. La descubrí investigando y creo que debe ser lo primero que se le informe a un paciente que lo que come puede acelerar el proceso de crecimiento de las células cancerosas o tumores. Otra cosa que no se les informa y que deben saber es que el cáncer está relacionado con bajos niveles de yodo en el cuerpo y con bajos niveles de vitamina D. Los alimentos más apropiados para cualquier paciente de cáncer son los alcalinos. Los alimentos alcalinos son aquellos que su pH es cercano al 7 o de 7.45. Analiza lo que comes y como te sientes.

¿Cómo saber si tengo mi pH ácido?

Si sufres de:

Acné

Dolor muscular

Manos y pies fríos

Insomnio

Migrañas

Perdida de concentración

Pérdida de memoria

Impotencia

Gastritis

Sinusitis

Asma

Dolores de cabeza

Estreñimiento

Ataques de pánico

Sabor metálico en la boca

Alergias alimenticias

Llenura

Diarreas

Ansiedad

Hiperactividad

Mareo

Baja energía

Alimentos alcalinos

Sal Himalaya

Hierbas de cebada

Hierbas de avena

Hierbas de trigo

Brócoli

Espárragos

Cebollas

Cilantrillo

Ajo

Pepino

Col rizada

Acelga

Espinaca

Perejil

Germinados

Té verde

Goji

Limón

Pomelo

Agua con limón

Té de hiervas

Jugos de verdura o sopas

Leche maternal

Lechuga

Apio

Aceite de oliva

Jengibre

Productos acidificantes

Fideos

Pastas

Arroz

Pan

Galletas de azúcar

Mantecado

Proteína animal acidificante son alimentos muertos

Carne de res

Carne de cerdo

Mariscos

Pavo

Pollo

Toda carne enlatada

Bebidas acidificantes

El alcohol sobre todo se debe evitar, pues al consumirlo se convierte en azúcar.

Vino

Cervezas

Alcoholes fuertes

Lácteos que acidifican el cuerpo

Quesos de vaca

Quesos de cabra

Quesos procesados

Nueces

Maní

Mantequilla de maní

Tahini

Vegetales acidificantes (Todos los enlatados o cocidos)

Espinaca cocida

Chocolate

Guisantes verdes

Papas sin piel

Endulzantes alcalinizantes

Stevia

Información obtenida de la Universidad de North Carolina Department of Agriculture and Consumer Service Food and Drug Protection Division.

Sobre el pH de los alimentos, aquí te ofrezco un pequeño listado de algunos de ellos. Puedes hacer una búsqueda en Google. Hay libros sobre los pH de los alimentos. Cada alimento, al igual que su cuerpo, tiene un pH; es usted y lo que consume que determina como será su pH predominante en el día. Lo bueno es que ahora mismo usted puede contribuir a mejorar su pH en la sangre.

Del 1 al 10 siendo los mejores valores entre el 7 y el 10:

El pH de los aceites

Aceite de sésamo 3

Aceite de semilla de uva 4

Verduras del mar ostras 8

Algas marinas 8

Aceite de canola 4

Aceite de coco 5

Aceite de girasol 4

Aceite de oliva 5

Aceite de semilla de lino 5

Aceite hidrogenado 8

Aceite de aguacate 5

Aceite de almendra 6

Manteca de cerdo 2

Aceite de hígado de bacalao 6

Aceite de acelga 8

Mantequilla clarificada 5

Mantequilla 6

Productos lácteos procesados

Caseína leche 2

Leche de vaca 3

Requesón 2

Queso curado 3

Queso de oveja 4

Yogurt 4

Quesos procesados 1

Raíces

Papa con piel 6

Cebolla 8

Remolacha 5

Jengibre 7

Ajo 7

Zanahoria 4

Pimiento 6

Cebolla lila 8 (contiene tiene Fito estrógenos)

Proteína animal

Carne de res 1

Carne de cerdo 2 (lleno de toxinas su piel)

Cordero 3

Huevos 4

Mariscos procesados 1

Moluscos 3

Pescados 4

Langosta 1

Calamar 2

Otras comidas

Habichuelas blancas 3

Leguminosas 2

Cereales cebada molida 2

Cereales de harina procesada 1

Cereales de trigo 3

Arroz blanco 3

Avena integral 5

Cereales de maíz 2

Arroz integral 4

Arroz salvaje 5

Cereales (centeno) 2

Harina blanca sémola 3

Quinua 5

Salvado de avena 2

Rúcula endivia 7

Ginseng 6

Conservantes de bebidas

Agua mineral 7

Aspartamo 2

Alcohol 3

Azúcar cocoa 1

Café 2

Café de Kona 4

Cerveza o soda 1

GMS melaza 4

Jarabe de arroz 6

Kombucha 7

Sal marina 8

Sulfito 5

Té verde 6

Jarabe de arce 6.5 (Maple sirop)

Miel 4

Té de jengibre 5

Vinagre blanco 1

Vinagre de arroz 4

Te negro 3

Endulcolorante Sacarina 2

Vinagre de manzana orgánico 6

Vinagre de vino tinto 2

Pimienta 7

Agave 7

Aloe vera 7

Regaliz 7

Stevia 3 (Orgánica no contiene azúcar ni calorías; la más recomendada para sustituir el azúcar.)

Ortiga 6

Valeriana 7

Setas 6

Aguacate 6

Arándano 5

Guineo 5

Cereza 6

Cítricos 7

Fresas orgánicas 5

Frutos secos 4

Higo 4 (Super alto en azúcar)

Tomate 4

Especias y hierbas la mayoría 6

Equinácea 6

Especias canela 7

Curry 4

Mango 7 (Ojo: mucha azúcar)

Melocotón 7 (contiene B 17)

Mora 6

Manzana 6

Oliva 7

Papaya 9

Piña 8

Sandia 8

Tomate 4

Lima 8

Fruta en vinagre 4

Coco 4

Limón amarillo 6

Nectarina 8

Granada 2

Albaricoque 5

Dátiles 3

Queso de cabra 3

Leche de soja 2

Mantecados 1

Leche materna humana 5 a 7

Queso curado 3

Pera 6

Lentejas 4

Pecan 2

Guisantes negros 4

Pescados y mariscos naturales 3

Brotes (germinados) 8

Ajo 7

Raíz de jengibre 7

Zanahoria 4

Avellana 1

Semilla de sésamo 6

Semillas de calabaza 8

Semillas, la mayoría 5

Sake 7

Antibióticos 1

Antihistamínicos 3

Verduras

Col de Bruselas entre 7 a 10

Brócoli/Espinaca, crudos 8

Quimbombó y pepino 5

Alcachofa 5

Berenjena 6

Calabacín 5

Calabaza 6

Diente de león 8

Lechuga 5

Alfalfa, entre 7 y 10

Apio 7 a 10

Coliflor, entre 7 a 10

Espárragos, entre 7 a 10

Evita consumir

Comidas enlatadas

Comidas procesadas que vienen en caja

Calentar en micro hondas

Cocinar en recipientes de aluminio

Carnes rojas

Carne de cerdo

Fumar

Pastas

Usted pensara, Wow ¿Qué voy a comer entonces? Créame, yo lo pensé también y he tenido muchos momentos de quiebre donde he comido cosas que no puedo y donde he dejado de comer por no pecar, o porque me aburría de comer lo mismo. Todo esto es parte de un proceso de disciplinarnos, pues después que usted cambia la alimentación por una o dos semanas, cuando vuelve a comer lo que comía antes del cambio; su cuerpo va a reaccionar. Ya sea con gases estreñimientos dolor, inflamación, dolor de cabeza, acidez, flema, reflujo, rash, dolores de barriga, y la lista es larga.

En un artículo llamado "La alimentación y el riesgo de cáncer" publicado en *Cancer.net de mayo 5 2019. Aprobado por la American Society of Clinical Oncology,* indica que consumir proteínas de animales se relaciona con el cáncer. Ofrece una lista de los alimentos, entre estos, carne de res, pescado, carne de aves, mariscos, productos lácteos, y huevos están asociados con el cáncer, siendo de estos los más preocupantes las carnes rojas y procesadas embutidos. De otro lado menciona que el consumo de fibra reduce el riesgo de cáncer. Es de todos saber que lo que comemos se refleja en nuestro estado de salud a corto o a largo plazo. ¿Qué podemos hacer ahora?

Ahora podemos enforcarnos en los alimentos alcalinos anticáncer, ya sea porque lo previenen o lo combaten. Entre estos están: brécol, espárragos, germinados, espinacas, apio, pepinos, lechugas, remolacha, zanahorias, berros, alfalfa, algas, cebolla blanca o amarilla, rúcula, y aguacate.

Entre las verduras con vitamina C está la papa, aunque la relacionan con subir de peso por las azúcares, la papa es un superalimento que contiene carbohidrato, proteína, nos da energía, contiene antioxidantes vitaminas B6, B3, y B9, potasio, manganeso, y magnesio. El beneficio de este alimento es de lenta digestión y no dispara los niveles de azúcar en la sangre. Recuerda escoger a conciencia lo que vas a consumir, si quieres ver resultados positivos en tu salud y estado físico. Nuestro cuerpo trabaja a nuestro favor; es tan inteligente que podemos haber estado comiendo mal toda la vida y cuando hacemos el cambio a alimentación con nutrientes ves los cambios en cuestión de días. Te sentirás con más energía, evacuaciones regulares, estarás de mejor humor, y dormirás mejor. Todo esto potencia tu sistema inmune que como ya la medicina ha dejado claro que el sistema digestivo e intestino son el 80% de nuestro sistema inmune. Ámate, y cuida tu casa que es tu cuerpo.

Para comenzar a hacer debes tener deseo profundo de cambio, determinación, y voluntad. Hay que tener en cuenta que cuando un alimento está procesado significa que le han quitado algo, o sea que no está de forma natural o equilibrada. En este sentido si se van a consumir alimentos deben ser idealmente integrales, libre de pesticidas y gluten.

Cáncer, Mi Mejor Maestro

Cuando se comienza una dieta se debe tomar en consideración cuales son los beneficios nutricionales que obtendremos luego de hacerla. De qué forma esta dieta nos va a contribuir salud, energía, mente clara, buenas emociones, y estado de ánimo. De otro lado estar conscientes de cuál es la finalidad de comer, comemos para crecer, el placer, nutrirnos, para obtener energía, estar en buena forma, evolucionar espiritualmente o para estar saludables y sanar. Hay alimentos llamados alimentos de alta vibración. Los productos orgánicos son la mejor opción a la hora de alimentarse.

Algunos de los productos llamados de alta vibración son: limón, cacao, aguacate, granos integrales, habas. El cacao sin procesar. Todo lo vivo, frutas de plantas en tierra. Todo lo procesado o muerto, como las carnes, son de baja vibración.

Otros aspectos que afectan la salud y ponen en alto riesgo de padecer cualquier tipo de cáncer o del seno son:

1. Relaciones tóxicas
2. Actitudes tóxicas, mente negativa, crítica, juicio, falta de perdón, rencores.
3. Estrés
4. Falta de sueño o dormir mal por tiempo prolongado.
5. Sobre carga de trabajo, estar en trabajo que no te gusta.
6. Falta de tomar agua.

7. Falta de magnesio y potasio.
8. Falta de actividad física o en exceso.
9. Culpa
10. Dieta ácida, carbohidratos refinados, y azúcar.
11. Sistema nervioso predominantemente parasimpático o excitado.
12. Hongo cándida albicans
13. Un trauma, accidentes, miedo intenso, o shock.
14. Parásitos
15. No evacuar todos los días.
16. Alcoholismo
17. Consumo de carnes rojas regularmente.
18. Fumar
19. Dieta alta en azúcares refinados.
20. Uso de drogas sostenidamente.
21. Sobrepeso
22. Problemas hormonales.
23. Enfermedades inflamatorias o autoinmunes.
24. Anticonceptivos.
25. Déficit de yodo.
26. Déficit de vitamina D.
27. Problemas metabólicos.
28. El uso de brasier apretado por muchas horas.

Cáncer, Mi Mejor Maestro

En el tema del cáncer hay un mar de información acerca de sus causas. En el caso de cáncer de seno, dependiendo del seno si es derecho o si es izquierdo, tiene su origen y guarda relación con el género masculino o femenino sean estas faltas de perdones, abusos, sentimientos de no ser valorada o sentirse no suficiente, y maltratos prolongados ya sean sicológicos y/o físicos. Las relaciones tóxicas y el uso de brasier apretado es otra de las posibles causas. Desde los años 30 se hacían estudios entre la relación del cáncer y los brasieres. Para aquel entonces se concluyó que los brasieres apretados impedían el drenaje linfático, comprimiendo diversos de los ganglios, aumentando su temperatura, e influyendo en el incremento de patologías de mama como nódulos o tumores. Se podrá imaginar usted la campaña en contra de las empresas productoras de brasieres luego de estas revelaciones.

Otra de las posibles causas es la alimentación; se ha vinculado también el consumo excesivo de azúcar y carbohidratos en el aumento de cáncer de mama. La vida llena de estrés es otro factor que vinculan con este tipo de cáncer. Durante estos tres años he hecho diferentes dietas para el cáncer, he visto dos cirujanas, cinco oncólogos, cuatro naturópatas, especialista en ayuno asistido, y he leído muchos libros e investigado muchas dietas.

Algunos de ellos en cuanto a la alimentación coinciden en lo fundamental: no azúcar, no harinas refinadas, nada frito, no aceites de canola, maíz, o vegetal. No arroz, no panes, no proteínas de origen animal, la mayoría de los naturópatas dicen no huevos, quesos, ni lácteos de vaca o yogures de vaca. De todo lo anterior se alimentan las células cancerosas de todo lo que es ácido o tiene pH bajo.

Y usted dirá, ¿Qué voy a comer? Eso mismo me preguntaba yo que me encantaban las pastas, la carne, la pizza, y todo lo que pensamos que es lo mejor porque agrada nuestro paladar. No es fácil, le aseguro que no, pero es para su bienestar. Aquí tiene una oportunidad para aprender cosas nuevas y seguir creciendo. Los oncólogos de medicina integral que me han atendido coinciden en la alimentación, los buenos pensamientos, ejercicio como ayuda fundamental y como parte de los tratamientos. Me sorprendió que la primera oncóloga me indicó que nada con soya. El tercer oncólogo me dijo que la alimentación no me iba ayudar ni a salvar. En fin, los médicos y hasta los naturópatas tienen diferentes opiniones de lo que se debe o no consumir.

Una de las cosas que he aprendido y probado es a descubrir que cosas pueden ayudarme a mantener mis niveles de glucosa bajos o a bajarlos. Entre estos la berberina, bitter melon, los jugos verdes, el vinagre de manzana orgánico a parte de todos sus otros beneficios, clórela, vitamina C, espirulina, wheat grass, consumo de lechugas, hojas verdes, y vegetales.

Te menciono algunas ideas para el desayuno, almuerzo, la cena y compartiré contigo algunas recetas que consumo yo. Hay varias recetas hechas con papa, tales como; sopa crema, papa asada, pan Cake de papa etc. La crema de papa es papa majada con vegetales salteados. Pan cake de papa con maple sirop.

Ideas para el desayuno: Uno de los mas que consumo es la batida de papaya con leche de Hemp y Stevia. En ocasiones le agrego aguacate le da cremosidad, pero no sabor. Otra buena opción de desayuno es chía con leche y blueberries. Este se prepara la noche antes con media taza de chía le agregas la leche con Stevia y al próximo día en el tope se le añade las blueberries.

Ideas para el almuerzo: ñame, crema de ñame, crema de calabaza, lechuga con vegetales salteados y crudos. Papas al horno rellenas de cebollas, setas, tomillo y albahaca.

Ideas para cena: Lasaña de berenjena rellena de setas y cebollas. Pastelón de amarillos (plátano maduro) rellenos de brécol y setas. Arroz de Coliflor para este te comparto la receta.

Arroz de coliflor (servicio para 3 0 4 personas)

Fuente de proteína, vitaminas K, B6, Magnesio, fósforo, ácido fólico, potasio, niacina, tiamina y riboflavina.

Ingredientes

3 tazas de coliflor si es acabado de rallar mejor, el de bolsa bota mucha agua.

1 cebolla picada en cuadritos

2 cucharas Pimiento rojo picadito

1 zanahoria picada en cuadros pequeños

½ taza de repollo picadito

½ taza de setas

Aceite de aguacate

Sal

Cilantrillo

Procedimiento:

En un sartén grande añada un poco de aceite de aguacate. Agregar cebollas y sofreír un poco. Agregar las setas, mezcle. Agregar pimiento, revolver un poco. Agregar zanahoria, luego repollo dejar sofreír un poco. Agregar las tazas de coliflor, revolver, y tapar por 10 minutos agregar sal si es necesario.

*Otra versión podría ser añadirle a los vegetales calabaza en cuadritos.

*Otra versión podría ser agregarle pesto al momento de servirlo.

Lasaña de papa rellena de setas y cebolla

Ingredientes

Mantequilla

Parmesano

3 cebollas blancas o amarillas

3 cucharas tomillo

4 cucharas albahaca blanca picadita

1 cajita de setas de acuerdo

2 papas

3 cucharas aceite de oliva o aguacate

Sal al gusto

Utensilios

1 molde cuadrado de cristal para horno

Mandolina

Procedimiento

Rebanar papas en mandolina, crudas poner en un recipiente. Sazone con el aceite y sal por encima para que salga su agua por 6 a7 minutos. Engrase el molde cuadrado de cristal y coloque las rodajas de papa en fila hasta cubrir creando una capa. En un sartén agregar una cuchara de mantequilla y el aceite. Agregar cebollas cortadas en rodajas y sofreír hasta que estén brillosas. Agrega las setas rebanadas, el tomillo y la albahaca. Cuando el agua se evapore, coloque el salteado encima de la papa que dejó en el molde. Luego continue hasta crear la lasaña. Cubre la última capa con parmesano. Agregue trocitos de mantequilla, albahaca y al horno por 1 hora a 275F grados. Verificar la cocción, cada 15 minutos ya que todos los hornos no son igual. Si le gusta más tostaditas las deja más tiempo.

Majado de ñame

Fuente de proteínas, Fibra, Potasio, Antioxidantes, magnesio, vitamina B, Fósforo, Hierro, ácido Fólico.

Ingredientes

½ libra de ñame

2 dientes de ajo

Aceite de aguacate

Procedimiento

Colocar sobre el fuego olla con agua y sal. Agregar ñame pelado y picado hasta que este blando.

En un recipiente hondo agregue un poco de aceite de aguacate en el fondo. Agregar el ñame cocido y

Majar. Rallar diente de ajo, mezclar y listo.

Recurso VI: Metas y proyectos

"Las metas son el combustible en el horno del logro."

--Brian Tracy

a. Metas

Según la Real Academia de la Lengua Española las metas son aquellas a las que se dirigen las acciones o deseos de alguien para lograr un fin. Según el coaching son sueños con fecha. Las metas son de vital importancia en la vida de todos más aún en la vida de una persona diagnosticada con cáncer. En ocasiones de acuerdo con tu actitud ante esta enfermedad dirás ¿Qué metas puedo tener ya? ¡Te digo, muchas!

Es importante tener razones para levantarse todos los días y agradecer por ese milagro. Establecer listas de cosas a diario para hacer, y que ayuden a alcanzar tus metas ya sean diarias a corto o largo plazo. Para establecer metas hay que estar motivados y saber la diferencia entre algo que te gustaría lograr, pero no estás dispuesto hacer, y entre lo que estás dispuesto hacer para lograr lo que deseas. Puedes desear sanar y no estar dispuesto a cambiar tú dieta, tomar tés amargos, a no perdonar, o no tomar medicamentos. Entonces, ¿Realmente quieres hacer algo para alcanzar tú meta? Cuando tenemos una meta lo natural es movernos con acciones hacia ella, pensar, hablar de ellas, y mantenerse contento en el camino. En el camino no hay errores sólo lecciones, crecimiento, y experiencia.

Las metas son aquellas que nos motivan y por las cuales estamos dispuestos hacer lo que haya que hacer para alcanzarlas.

¿Qué estás dispuesto(a) hacer para alcanzar tu meta?

¿Cuál es tu meta?

Un paciente podría pensar, la meta es sanarme de cáncer, que mi vida sea la misma de antes, seguir viviendo, ver a mis hijos crecer, ver a mis nietos, pagar la casa, cuidar a mis padres, viajar, y hacer todo lo que he querido hacer, etc. Y te digo, ¿Para qué? ¿Para qué quieres esas cosas? Esta situación que se te ha presentado viene por algo; te ha cambiado la vida, el orden de las cosas, y las prioridades. Tu vida ya no será más la vida que tenías. Mientras más rápido lo aceptes y te pongas manos a la obra con los cambios mejor será para ti. El tiempo pasa rápido si estas en acción y tienes metas. El tiempo pasa lento si te sientas a esperar a ver que llega o que pasa. Aprende, sumérgete en el proceso en el que estás, y establece que es lo que quieres y harás. Define tu meta, dale vida, y visualízate saboreando el haberla alcanzado. ¿Cuál sería tu sentimiento y reacción al lograrla? ¿Quiénes estarían contigo celebrando? ¿Dónde lo celebrarías?

Y dirás "Ah... ¿Pero, y si no sano y si me queda poco tiempo?" Y te diré estás vivo(a) ahora y leyendo este libro. Tienes tiempo para todo lo que quieras hacer mientras vivas. Vivir es acción. ¡Vive!

Escribe tu meta y enumera los pasos que darás. Haz un plan de acción para alcanzarla. Piensa en las cualidades que tienen las personas que lo logran. ¿Cuáles tienes tú? ¿Cuáles puedes gestionar? ¿Qué recursos tienes? ¿Necesitas organizarte? ¿Disciplinarte? ¿Ser una persona puntual? ¿Comprometido(a)? En ocasiones por querer cumplir con nuestras responsabilidades de padres, esposos, hijos, queremos complacer haciendo lo que ellos necesitan de nosotros, aunque en muchas ocasiones sean deberes autoimpuestos. No podemos escoger metas basadas en lo que quieren los demás o en las necesidades de los demás. Este momento no es para eso. La meta debe ser tuya. Serás tú el que hará los pasos y acciones en tu bienestar. El autor John Whitmore en su libro *Coaching* (2017) hace una lista de las cualidades que tiene una buena meta: Son "específicas, medibles, concertadas, realistas, planeadas por etapas, positivamente enunciadas, comprendidas claras, pertinentes, éticas, desafiantes."

Desde que me diagnosticaron, mi deseo y fe han sido sanar. No sentarme a esperar que ese deseo se materialice sin yo hacer nada. Si no me hubiese ocupado, tal vez hubiera flaqueado en mi meta y en la fe esperando que otros hicieran por mí, y que llegara el milagro sin yo hacer algo. Mi meta se convirtió en estar fuerte emocionalmente para hacer lo correcto y estar bien físicamente. En el camino fueron surgiendo otras metas, apareció mi propósito de vida y puedo decir que soy feliz. Cada oportunidad que tengo para reír lo hago y no fingiendo; si no sintiendo desde adentro, viviendo el momento, me sane físicamente o no. Mi meta es hacer todo lo que me haga feliz aquí y ahora.

Cuando hablo de sanar hablo de todo, no sólo el cuerpo físico. Y sí, he sanado, relaciones he sanado resentimientos, he sanado mis pensamientos, mis creencias han sido renovadas, he puesto límites, he sanado la forma de ver las cosas, las personas, la forma de verme, y de ver el mundo. En camino a mi meta han pasado cosas maravillosas que aparentaban ser malas. De ellas aprendí y he ganado mucho, siendo una persona diferente y mejor. Y si piensas que todo eso no importa porque tienes un diagnóstico, te diré que todo eso es vivir sanamente.

b. Proyectos

Un proyecto es un plan de como yo deseo vivir el tiempo que sea que me quede en esta tierra. Vivir de acuerdo con mis valores a mi plan de vida. Mi proyecto en estos dos últimos años ha sido mi salud, mi bienestar físico y mental. He terminado convirtiéndome en mi propia enfermera. Es un proyecto que tiene diferentes roles y ocupa la mayor parte de mi tiempo. Investigar y probar, alimentación, tratamientos, suplementos, ejercicio físico, ir a talleres, leer libros, estudiar los alimentos, y las dietas, en fin, todo lo que ha hecho falta para sentirme útil y ser proactiva en mi proyecto.

¿Y tú tienes un proyecto?

Este es el momento de tenerlo si no lo tienes.

Tu proyecto podría ser sembrar, tomar clases de arte como forma de expresión, podría ser todo aquello que te emocione, te apasione y te de alegría.

La autora Cynthia Perazzo en su libro *Proyecto de vida* (2018) nos dice: "Necesitaras enfocarte, tener muy claro hacia dónde vas y solo centrarte en eso que tanto te importa. Deja de distraerte con el ruido del entorno, ignora la persuasión de los que te rodean, simplemente concéntrate en tu objetivo con todas tus fuerzas."

He tenido muchas metas en este tiempo, algunas las he logrado y otras no. Agradezco por las logradas y por las que no logré, porque ambas me han dado lecciones y me han hecho más sabia.

¿Y tú qué harás? ¿Qué estás haciendo?

Si estás leyendo este libro la utilidad que le des, lo que te aporte, estará bien, es una buena señal. Recuerda, vas sumando conocimiento y el conocimiento es un recurso poderoso. ¡Vas en buen camino!

Después de recuperarme poco a poco de la fractura, comencé a caminar en los montes, tomé pulso magnético como terapia regenerativa pude volver a correr bicicleta, y recuperar algo de mi estado físico. En el 2019 al año de la fractura, por dolores en la espalda intensos, me refirieron para tomar radioterapias ya que había salido positiva una biopsia en otra vértebra de la espalda. Fue otro momento difícil, pues debía arriesgarme a sufrir efectos secundarios en otros órganos tales como en el estómago o los intestinos. Así que, entre la espada y la pared, entre quedarme sin caminar o caminar debía escoger el riesgo. Me recomendaron 10 radioterapias a menor intensidad de las que se dan, en las vértebras de la espina dorsal L2 y T11. Sólo pude tomar 4 por los efectos secundarios que fueron fatales. Cansancio extremo, diarreas, dolor en el estómago e intestinos, y como resultado, en cama todo el día. El mismo radiólogo oncólogo me recomendó no seguir con las radioterapias por sus efectos anormales en mí. Me recuperé y volví a mis ejercicios y comencé a correr nuevamente no con la misma intensidad, pero si con más gratitud y felicidad.

Durante este tiempo volví a estudiar y me preparé como coach integral de vida. He escrito tres libros, dos de recetas, y los he vendido en PDF para poder costear mis tratamientos de vitamina intravenosa, más uno sobre el cáncer como proyecto de coaching llamado Enfrentando el Cáncer desde el Ser para Hacer y Tener. Abrí una página de Instagram donde a través de información de suplementos y alimentos puedo ayudar a personas que padezcan de cáncer o no, a mejorar su estilo de vida y alimentación. Eso me da mucha satisfacción.

Un buen ejercicio de estiramiento para comenzar a trabajar con las metas puedes establecer metas diarias donde todos los días hagas algo en pro de tus metas a largo plazo. Si necesitas más disciplina, por ejemplo, o el tiempo no te da, pon el despertador una hora antes de lo acostumbrado, pon alarmas en tu celular con recordatorios de tus metas diarias, y escribe un plan diario de tareas.

Ejercicio

Diario de estado de ánimo:

Escribe todas las noches tus metas diarias del próximo día. Comienza escribiendo como te quieres sentir. Y realiza la lista:

Tareas del día.

Cosas que haré para lograr el estado de ánimo deseado.

Al final del día revisa tu lista y marca tus logros y reflexiones del día.

"Las cartas no están echadas, simplemente los eventos suceden unos tras otros. Tú eres dueño de guiarlos para fabricar tu realidad tal como la imaginas."

-- Cynthia Perazzo

Recurso VII: El propósito de tener

a. ¿Qué tendremos?

"El propósito de la vida es vivir correctamente, pensar correctamente, y actuar correctamente."

--Gandhi

El ser humano tiene la capacidad para crecer donde quiera que esté y bajo las circunstancias que se encuentre. Ante un diagnóstico de cáncer esto no es la excepción. Por lo tanto, aporta algo a la vida de otros, haz algo que te haga sentir útil a ti, aprende, enseña, se feliz haciendo lo que sea que hagas, pero explora tus talentos, desarróllalos, ponlos a tu servicio y servicio de los demás. El esfuerzo para ser mejores personas, mejor ser humano, mejor esposo, mejor esposa, mejor hermano, mejores padres, esa es la felicidad. Ser feliz dentro de la circunstancia en la que se esté, es amar, ser amado, apreciar todo lo que tenemos y lo que vida nos ofrece para vivir.

¿Cuál es tu propósito en esta vida? ¿Lo has cumplido? ¿Lo estás llevando a cabo? ¿Eres la persona que quieres ser?

"El futuro depende de lo que hagas hoy"

-- Gandhi

¿Qué cosas quieres tener ahora, aquí en tu presente? ¿Cómo te gustaría sentir respecto a tu diagnóstico? ¿Qué es eso que tanto te gustaría tener?

Cuando hablamos de tener hablamos de pertenencia, posesión, propiedad, de algo externo a nosotros que hacemos nuestro mediante su compra, contratos, o acuerdos como el matrimonio, mis hijos, cosas que heredamos, etc.

El tener del cual te hablo es lo que tú tienes dentro de ti y que irás despertando en la medida en que te ocupes en educarte y atenderte en todos los aspectos. En la salud física, alimenticia, mental, mediante la renovación de creencias, lenguaje, actos, y espiritual. Todo lo que obtengas de este aprendizaje va a ser parte de tus pertenencias internas que son las verdaderamente importantes y las que nadie te puede quitar.

¿Qué tendrás?

Los resultados de lo que estableciste como metas. Lo que trabajaste es la prueba de lo que has logrado cambiar en tu vida con tus pasos y mente enfocada.

Tendrás seguridad en ti, fe en la humanidad, confianza en que todo lo que pase traerá algo que aprender, tendrás amor propio y para los demás. Tendrás una mejor apreciación de la vida, valorarás más las cosas, vivirás en apertura y aceptarás lo que viene sin resistirlo, sin enojarte, porque sabrás que es parte de un orden que trae crecimiento y bienestar. Tendrás una nueva forma de vivir la vida, de asumir lo que se te presente. Tendrás felicidad y paz. Una paz que no podrás entender y que será resultado de todo lo que has hecho y seguirás haciendo para que mañana sea mejor que hoy.

Para ser quien viniste a ser; da y aporta lo que puedas de forma tal que otros mediante tu modelaje puedan beneficiarse de tu aprendizaje. Superar las situaciones y la enfermedad no es vencerlas o que desaparezcan. Es que aún con ellas podamos ser felices, útiles, ayudar a otros, y ayudarnos a nosotros mismo a vivir en paz; satisfechos con nuestra vida y con lo vivido.

El propósito de vida es aquel en el cual te sientas feliz haciendo lo que hagas y aportando a otros.

"Una persona sin propósito es como un barco sin timón."
-- Thomas Carlyle

b. El cáncer como maestro

He tenido días, y hasta semanas donde me he aislado, donde no quiero hablar, donde he llorado mucho pidiendo fortaleza y guía. Sí, los he tenido, y también he tenido personas que me llaman sin saber cómo me siento y me han ayudado a recordar quien soy. Momentos difíciles de estrés provocados por todo lo que conlleva este proceso, que muchas veces consiste en prueba y error, en esperar resultados en estar vigilante y me di cuenta de que yo hago mi parte y solo queda esperar la voluntad divina y seguir viviendo desde el ser aportando lo que pueda a otros.

Creo mucho en las cosas que uno atrae si pide y en la comunicación y respuestas con ese ser divino invisible que no vemos físicamente pero que se manifiesta y contesta de forma física y no física. Siempre hay señales y respuestas sólo hay que conectarse y abrir bien los ojos, tener receptivo el espíritu y escuchar en vez de oír.

Yo sabía sobre que quería escribir y como lo haría, más no tenía título para este libro; muchas noches por meses me acostaba pensando en que título le daría. Hubo una noche más de las que me acosté a dormir y pedí a Dios me diera el título del libro. La mañana siguiente mi primer pensamiento fue *Cáncer, mi mejor maestro*. Me puse tan contenta y me conmovió tanto que lloré de felicidad, sentí una emoción combinada con incredulidad por la inmediatez con que me fue manifestada la petición. Es el mejor tema que he escuchado y que se ajusta perfecto a lo que ha pasado en mi vida. Usted dirá como puede ser que con algo tan terrible puedas estar agradecida. Pues te contaré.

Cáncer, Mi Mejor Maestro

Cuando vivimos en salud y saludables físicamente pensamos más en las necesidades materiales que tenemos, nos enfocamos en la economía, en la pareja, los hijos, a donde queremos ir, viajar, y vivimos como si siempre nuestro cuerpo fuese a estar en perfecta salud. Lo damos por sentado y pensamos que no debemos hacer nada para estar bien; así vivimos desde el ego. Cuando la salud falta te das cuenta de que no tienes nada, que no eres nada sin ella. Más sin embargo dentro de esa falta de salud hay muchas lecciones por aprender en vez de quejarnos. Cualquier mejoría es un logro. He aprendido a dar gracias, hasta en mis días más obscuros. He aprendido a reír en medio del dolor. He aprendido a dejar pasar teniendo la oportunidad de devolver el golpe, y por cada uno de los aprendizajes agradezco.

Aceptar las gracias en ocasiones hacemos algo por alguien y nos cuesta aceptar las gracias y decimos de nada. No es de nada para esa persona, es de mucho, acéptalas sube tu autoestima, tu sentido de ser buena persona y buen ser humano, puedes decir un placer, a la orden, siempre que lo necesites, etc. Aceptar las gracias es reconocer que hemos hecho algo bueno para alguien y que es valorado.

La gratitud cambia nuestro estado de ánimo, es un cambio de enfoque de lo que no tenemos a lo que tenemos. Nos hace sentir felices, abundantes, nos cambia y vemos lo que sí tenemos. Al cambiar nuestro estado de ánimo cambia lo que atraemos. Una persona triste interiormente atraerá personas tristes. Una persona positiva atraerá personas positivas. La gratitud es la puerta al amor, es aceptar los regalos inesperados y en ocasiones cosas que a veces por error pensamos no merecer. Cuando te enfrentes a una situación en vez de quejarte intenta preguntarte: ¿Que te quiere enseñar? ¿Qué le puedes sacar?

Te diré algunas de las cosas que me ha enseñado el Cáncer y por ello agradezco.

Gracias porque me mostraste que vivía para complacer el ego.

Gracias porque me mostraste que debía renovar mi mente.

Gracias porque me enseñaste que debía sanar relaciones.

Gracias porque me mostraste el amor de Dios en el amor, apoyo la ayuda de otras personas.

Gracias, cáncer, porque me mostraste que no era integra y comencé a trabajar para serlo.

Gracias porque he atravesado momentos obscuros de dolor, llanto, y miedo y descubrí que tienen límite.

Gracias, me has enseñado a ser más expresiva con la gratitud. Y a vivir en gratitud.

Gracias porque me mostraste que debía perdonar y sanar mi niñez.

Cáncer, Mi Mejor Maestro

Gracias porque me mostraste que no me amaba y ahora lo hago.

Gracias porque me mostraste lo imperfecta que era y que soy.

Gracias porque renació mi sensibilidad.

Gracias porque me has mostrado que sí hay gente que da sin esperar nada a cambio.

Gracias por esas personas que han sido mis recursos cuando no me he encontrado bien.

Gracias porque acercaste a la gente que me ama y porque alejaste a los que no.

Gracias porque he sido útil en la vida de otras personas.

Gracias por mis doctores que han sido una bendición.

Gracias por las enfermeras amorosas que me han tocado.

Gracias por los nuevos amigos.

Gracias porque he aprendido a pedir ayuda.

Gracias porque he aprendido a recibir.

Gracias porque he aprendido a dar más de lo que daba.

Gracias porque aprendí a decir no a otros y a mí misma.

Gracias porque he aprendido a tratarme bien.

Gracias porque he aprendido a decir lo que siento y sentir lo que digo.

Gracias por toda la gente hermosa que he conocido.

Gracias porque aprendí a sentir la fe y a vivir en fe.

Gracias porque he aprendido a apreciar cada momento.

Cáncer, Mi Mejor Maestro

Gracias porque me has mostrado lo fuerte que soy.

Gracias porque tengo una relación con Dios.

Gracias porque amo más las cosas que hago.

Gracias porque siento más pasión por lo que hago.

Gracias porque cada día siento más convicción de estar en el camino correcto.

Gracias porque mi alma está más sana cada día y tiene más paz que nunca.

Gracias porque he aprendido a no juzgarme, ni juzgar a otros.

Gracias porque he aprendido en este tiempo más de lo que había aprendido en toda mi vida "sana".

Gracias porque ahora valoro más poder caminar, correr, tener vista, poder escuchar, hablar, y permanecer en silencio.

Gracias porque he aprendido a sentirme abundante sin dinero.

Gracias porque aprendí que los pensamientos y las creencias se pueden cambiar.

Gracias porque tengo nuevos intereses a mi vida.

Gracias porque ahora vivo sin prisa.

Gracias porque me enseñaste el valor de cada parte de mi cuerpo.

Gracias porque sacudiste mi vida y he escrito cuatro libros.

Gracias porque aprendí hacer platos saludables que complacen mis gustos al comer.

Cáncer, Mi Mejor Maestro

Gracias porque despertaste el interés en otras personas para ayudarlas.

Gracias porque he aprendido a ser estable emocionalmente.

Gracias porque he desarrollado una vida espiritual que me da paz.

Gracias por lo mucho que he aprendido.

Gracias porque encontré mi propósito de vida y soy feliz.

"Vivir agradecido implica afirmar el bien y reconocer sus orígenes. Es comprender que la vida no nos debe nada, que todo lo bueno que tenemos es un regalo y que debemos ser conscientes que no debemos dar nada por sentado."

-- Robert A. Emmons

He aprendido a abrirme a todas las posibilidades que me hagan crecer en todos los aspectos, sobre todo el crecimiento personal.

El cáncer me ha hecho crecer, ser mejor, asumir posturas, ser más honesta conmigo y con los que me rodean, escucharme más, y buscar mi camino. También cómo escoger nuevas rutas, superar situaciones, obstáculos, dolores, críticas, presiones médicas, y encontrar mi propósito. Cada uno de estos han fortalecido mis convicciones y me han mostrado que cuando pienso que no puedo más, resulta que puedo y si yo puedo, tú también.

Una de las cosas que me ha ayudado mucho son los rituales diarios. En las mañanas doy gracias al Creador. Escribo en una libreta al despertar una lista de agradecimientos, luego una lista de mis intenciones para el día, como me quiero sentir ese día, y luego leo una lista de afirmaciones que he escrito para fortalecerme. Llevo haciendo esto hace más de cinco años, pero luego del diagnóstico he podido comprobar con más veracidad su eficacia. Así como nos lavamos la boca y nos peinamos son rituales. Te invito que hagas rituales enfocados en lo que quieres lograr en la situación en la que estés.

Para muchos la meditación, el yoga, la música relajante, han sido fuentes de alivio a sus problemas, pero cuando pasa ese momento de meditación, de música, y de yoga todo vuelve a ser igual. A mí, por ejemplo, que lo he intentado mucho, y no se me da muy bien es la meditación. Sin embargo, me ha sido bien efectiva la oración una conversación límpida con ese ser supremo, la sincera la que sale del alma, nada complicado nada programado sólo hablar.

Llevaba tiempo orando, pero en ocasiones durante este último año yo decía, Dios... no sé qué más orar, enséñame que decir si ya tú lo sabes todo y me quedaba en silencio. A veces sólo me arrodillaba a llorar hasta que me vaciaba. Y pensaba, no se orar quiero aprender hacerlo. Dos semanas después al salir de ponerme el suero de vitamina C entré a una farmacia que queda bajo de las oficinas médicas y allí di una vuelta por el pasillo de los libros. Me encantan los libros. Siempre visito los estantes sobre todo los que me dan justo lo que necesito, los de autoayuda y motivación. Allí encontré un librito a 3 dólares que se llama *La matriz de la oración* de David Jeremiah. Lo acepté como una respuesta a lo que había pedido y así fue en cuanto comencé a leerlo sabía que era para mí. El libro habla sobre como orar y comienza diciendo que el mayor de nuestros dones es poder orar. El autor había tenido cáncer y había sanado. Que decir, luego de esto pasaron algunos días y veo un letrero gigante en la autopista que dice, Órale a Dios. ¿Casualidad? No lo creo. Muchas cosas como estas me han pasado con mucha intensidad durante estos últimos tres años. Cada vez que pido, que pregunto, y que necesito siempre recibo respuestas de las formas más inesperadas. No me creas; pruébalo, pide respuestas, y verás.

Orar ha sido un gran recurso de fortaleza mental y espiritual. Orar desde el corazón las mejores y más honestas comunicaciones se han dado en el quebranto, en el dolor, y la desesperación de la toma de decisiones. Se puede orar donde sea y como usted quiera. A veces cuando le pedimos ¡Dios Ayúdame!

ya estamos orando. Así mismo orar es un dialogo íntimo con Dios que sólo Él y usted saben lo que usted ha dicho; por lo tanto, cuando recibe respuesta no tiene duda que fue Él contestando.

Orar no es otra cosa que abrir tu corazón y hablar de lo que sientes, de lo que quieres, y agradecer por qué has sido escuchado. Puedo decir que estoy aprendiendo a orar. Es como hablar con un amigo que no te juzga, al que le puedes decir y preguntar lo que sea, con el que puedes llorar por horas y sentirte en paz al terminar. Es agradecer más que pedir.

Diario de agradecimiento e intenciones para el día

Hoy doy gracias por:

1.
2.
3.
4.
5.
6.
7.
8.
9.
10.

Yo doy gracias hoy por:

1. Por el sol, por el sonido del mar.

2. Porque puedo caminar.

3. Porque tengo casa donde dormir donde vivir.

4. Gracias por mi vista.

5. Gracias porque puedo respirar.

6. Gracias por la gente que me ama.

7. Gracias por mi mente lúcida.

8. Gracias por cada persona que me ayuda.

9 . Gracias por la oportunidad de vivir.

10. Por la abundancia en mi vida.

Intenciones

Mis intenciones para hoy son:

1. Sentirme

2. Estar

3. Pensar

4. Ver

5. Apreciar

Yo:

1. Sentirme feliz.

2. Estar de buena disposición.

3. Pensar positivo.

4. Ver algo maravillosos suceder.

5. Apreciar las cosas bellas dónde quiera que esté.

Afirmaciones

Yo soy ________________________.

Yo soy ________________________.

Yo soy ________________________.

Yo soy ________________________.

Yo:

Yo soy salud.

Yo soy energía positiva.

Yo soy abundante.

Yo soy ágil.

Yo soy Capaz

Ejercicio

Para subir la vibración:

Realiza una lista de 10 cosas que amas hacer y sentir:

1.

2.

3.

4.

5.

6.

7.

8.

9.

10.

Yo:

1. Amo los días soleados.

2. Amo correr en los bosques.

3. Amo patinar, correr bici.

4. Amo los sonidos de los pájaros en el monte.

5. Amo aprender.

6. Amo reír.

7. Amo sentir la brisa del mar y su olor.

8. Amo cocinar mis platos preferidos

9. Amo compartir con otros lo que me hace feliz.

10. Amo ver las mariposas revolotear mientras camino o corro en un bosque.

Ejercicio

Para poner en práctica la gratitud y cambiar tu enfoque:

Este ejercicio lo puedes realizar con amigos, con tus hijos, pareja, familiares, con quien quieras. Te advierto que es muy gratificante.

Reparte papel en blanco y bolígrafo. La cantidad de personas la escoges tú.

Pídeles que escriban que cosas agradecen de las personas presentes en el ejercicio. Al final, cada uno debe leerle a los demás lo que agradece de ellos.

Cuando realicé este ejercicio una de las cosas que noté fue que cuando agradecemos cosas de las otras personas nos da pachó (vergüenza) y cuando escuchamos por lo que nos dan gracias también. Este ejercicio lo realicé con mi hija menor, cuando estaba escribiendo mi libro sobre coaching como trabajo final. Para mi sorpresa la nena me agradeció el hecho de que yo le insistiera educarla sobre los ingredientes de los alimentos y mis preocupaciones por su alimentación. Yo le agradecí su amor incondicional, sus ayudas en la casa, su buen humor, y enseñarme a ser mejor madre.

A veces damos por sentado lo que los demás hacen para facilitarnos la vida y pasamos por alto que esas cosas son regalos, son voluntarias.

¿Sabes cuánta gente está enferma físicamente y no tiene a nadie que le ayude en las cosas que más tontas parecen? Cosas como ayudarlos a sentarse, salir a pasear, ver la luz del sol, llevarle un vaso de agua, leerle, cocinarle, hacerle sus compras, gente necesita de palabras, de aliento, y esperanza. En ocasiones lo que más valioso es para un enfermo es la compañía, el apoyo, escucharlos.

Para ellos esas cosas son grandes y valiosas.

¡Agradece, agradece por todo!

El dueño de tu mente eres tú, controlas lo que por ella pasa. Todos tenemos diálogos internos acerca de todo lo que nos pasa. Trata de detener los pensamientos acosadores que se esconden detrás de nuestros miedos, mediante un ejercicio de dialogo interno consciente.

Ejercicio

Sustitución de pensamientos acosadores:

Pensamiento acosador: ¿Por qué me dio cáncer a mí?

Pensamiento correcto: ¿Para qué me ha dado esta enfermedad? ¿Qué debo hacer diferente?

Pensamiento acosador: No voy a mejorar.

Pensamiento correcto: Esto es pasajero es cuestión de tiempo.

Pensamiento acosador: ¿Por qué me pasan cosas malas?

Pensamiento correcto: ¿Qué puedo hacer para mejorar? ¿Qué debo aprender?

Pensamiento acosador: No tengo ayuda.

Pensamiento correcto: ¿A quién puedo recurrir? ¿Cómo puedo ayudarme?

Pensamiento acosador: Que mal me siento.

Pensamiento correcto: ¿Qué puedo hacer por mí? ¿Qué pensamiento me haría sentir mejor?

Pensamiento acosador: No quiero morir.

Pensamiento correcto: ¿Para qué quiero vivir?

Pensamiento acosador: Todo lo que he pasado y no me sano.

Pensamiento correcto: Todo lo que he aprendido y ayudado a otros con mi experiencia, para algo me sirve todo esto.

Escribe tus pensamientos acosadores y sustitúyelos con pensamientos correctos.

Hace un mes volví a someterme a radioterapias en la cadera por dolores; esta vez fueron cinco tratamientos ya que el riesgo era fractura y dolores más intensos. Esta vez los efectos secundarios fueron el aumento de dolor, cansancio, ira desmesurada sin razones. Gracias a Dios hasta ahora no se afectó ningún órgano como en la vez anterior. En adición, abandone una pastilla llamada Dim natural que se utiliza para bloquear los estrógenos. Se presentaron síntomas de la esclerodermia generando cambios en la piel, picor, ardor en la boca, adormecimiento en un lado de la boca, y cambio de color en la misma. Esta pastilla es la alternativa natural a las químicas que ya antes había intentado sin éxito.

Siento que lo he probado todo, me siento cansada de beber pastillas, de tomar remedios, son tres años de bebidas de pastillas, exámenes probando nuevas alternativas, y soy humana. Me canso, me canso de hablar, de pensar, de todo, y me doy mis días de sentirme así. Luego me levanto y vuelvo a comenzar todos los días, no estaremos al 100 todos los días. Hay días buenos y otros con retos espirituales y físicos. El enfoque no se puede perder por los obstáculos. Si el problema crece sea usted más fuerte que el problema, más persistente, más determinado, enfréntelo sin resistirlo, atraviéselo, aunque esté asustado recuerde que todo es pasajero y que en el camino se hará más fuerte, más paciente, y más sabio. Tenga la valentía de vivir. Hay gente en circunstancias peores que las mías y agradezco todos los días por cada oportunidad de levantarme y de ver el sol. Aunque paso momentos fuertes y me canso como todos o como muchos, aquí sigo atravesando mi camino con días buenos, días de dolor y aprendizaje.

Conclusión

Anualmente a nivel mundial mueren 8 millones de habitantes por diagnósticos de cáncer. Es alarmante esta cifra de muertes, más aún saber que se pueden evitar si esta enfermedad se aborda desde otros ángulos. Se lleva muchos años haciendo lo mismo y las cifras siguen en aumento. Existe una necesidad de orientación y prevención efectiva. Para realizar este libro hice una encuesta a 50 personas de cinco preguntas acerca de cuanta información tienen y quieren las personas acerca del cáncer, si están receptivos aumentar sus conocimientos y capacidades. En la primera pregunta el 96% de los encuestados expresaron estar interesados en recibir orientación sobre tratamientos y herramientas ante un diagnóstico de cáncer. El 4% expreso no estar interesado. En la pregunta dos el 76% reveló no conocer ningún especialista alterno a un oncólogo que oriente a los diagnosticados sobre los tratamientos para el cáncer. El 24% contestó que sí, conocen especialistas alternos a oncólogos en orientar pacientes de cáncer sobre tratamientos. En la tercera pregunta el 60% de los encuestados expresaron no saber lo que harían ante un diagnóstico de cáncer a ellos o a un familiar. El 40 % contestó saber que hacer.

La cuarta pregunta 100% de los encuestados reveló que le interesa desarrollar su potencial al máximo. La quinta pregunta

100% expresó querer conocer las formas para poder ser capaz de enfrentar cualquier situación en la vida. Esta encuesta refleja como denominador común un alto nivel de necesidad de orientación, de no saber qué hacer, de pasar por esta situación y el interés de aprender herramientas ante una situación de cáncer. De otro lado revela que 76% de los encuestados desconoce que existan personas o entidades alternas a oncólogos para orientar a pacientes o familiares sobre el proceso y alternativas de tratamiento para cada paciente.

Estos resultados reflejan que las campañas de concienciación y prevención no han tenido el alcance suficiente en sus campañas educativas preventivas y sobre qué hacer en caso de cáncer o lugares donde recurrir a conocer sobre todas las alternativas de tratamiento. La importancia de orientar y educar parece simple y pensamos que ya todos sabemos porque hemos visto o escuchado lo que hay sobre el tema. La encuesta refleja que aún falta mucho por aprender y prepararnos. La información que tenemos hará la diferencia entre millones de vidas que se pierden cada año por falta de educación preventiva, durante el proceso y luego del diagnóstico. Nuestra educación y la forma de afrontar la enfermedad harán la diferencia entre millones de personas con cáncer que viven una pobre calidad de vida por creer saber todo lo que hay, por creer haber sido sentenciadas a resignarse y a sufrir hasta morir "porque así es esa enfermedad misteriosa." Hay mucho por hacer y aprender; este libro es mi aporte en esa dirección.

Al ser diagnosticada y pasar por las diversas experiencias en el proceso de buscar mi salud, decidí profundizar, más que la enfermedad que realmente es la expresión física de causas más profundas, sanar todas las áreas de mi vida. Educarme, abrir mi mente a cosas nuevas, acepté la ayuda de una coach y ha sido clave en mi camino a superar la enfermedad. El coaching ayudó a prepararme para poder recibir nueva información que aportara beneficios a mi salud en general. Inicié un proceso de reprogramación mental y cambio de lenguaje que potenció mis capacidades de resiliencia. Mi vida interior comenzó a transformarse para bien, y quiero más. El proceso requiere muchos deseos de cambio, compromiso, perseverancia, y disciplina. No es una receta mágica, es un camino depurativo que pule a quien lo permite. Hay días muy felices y hay días de silencio donde todo lo que siento y pienso es tan fuerte que no lo puedo expresar. Han sido tres años en los que también he sido feliz apreciando la vida y lo que me ofrece, aceptando que cada cual tiene un camino que seguir, para descubrirse, crecer y un propósito que cumplir.

Cáncer, Mi Mejor Maestro

El cáncer para mi ha significado oportunidades de crecimiento espiritual, de ayudar a otros tengan cáncer o no, de ser quien he venido a ser. Ha traído mucho empoderamiento, personas nuevas, sabiduría, momentos de quiebre, dolor, nueva forma de vivir, aprendizaje, y sobre todo, en todas las situaciones momentos de conexión perfecta con Dios. No creo saberlo todo, pero sé que estoy dispuesta a seguir aprendiendo y aportando a la vida de las personas que llegan a mi vida.

Abordar las causas del cáncer en todos los aspectos de la vida de una persona es fundamental para ser feliz en la situación que nos encontremos, es la forma más asertiva para cambiar los patrones que han llevado al desequilibrio físico y que nos predisponen a la enfermedad. Si queremos resultados diferentes a viejas situaciones hay que cambiar las formas de tratarlas. No hay forma de superar un diagnóstico sin fe, sin esperanza, sin perseverancia determinación, amor propio, deseos de vivir para algo, sin compromiso y sin paz. Todo eso lo alcanzamos trabajando en nosotros y venciendo cada obstáculo que día a día se nos presenta. Propongo que descubras tu ser, para estar feliz ahora. He escogido ver el cáncer como una oportunidad para ver la vida desde otras perspectivas; vivir es un lujo, es el regalo más valioso que tenemos, ama tu cuerpo, ama tu familia, ama tus amigos, y déjate amar. Propongo que te redescubras, para estar feliz ahora. Soy esencialmente positiva, fiel, creyente de los milagros, escojo la esperanza, escojo esperar por lo que he pedido, la sanidad total física. Me siento muy feliz de ser quien soy hoy y de la persona en quien me estoy transformando a causa de este diagnóstico que me sacudió la vida. Soy una nueva criatura.

Si tienes un diagnóstico, busca ayuda. Comienza un nuevo camino de autodescubrimiento. Esto te ayudará a pensar y actuar desde la conciencia no desde el miedo, para que puedas tener los resultados que quieres lograr. La vida es este momento presente; no puedes vivir en el pasado, ni en el futuro. Tu vida es ahora. Vívela, apréciala, valórala; es un regalo.

¡Vive!

"El hombre no puede ser señor de nada, mientras le teme a la muerte. Al que ya no teme a la muerte, todo le pertenece." -- León Tolstoi

Referencias Bibliográficas

Belda Moreno R. M. (2015). *Tomar decisiones.* Editorial PPC. Madrid.

Betancourt J. (2017). *Coaching para ser.* Casa Editorial ACE-ACA.

Brandolino Chinda (14 julio 2018). El Cáncer tiene cura y no te lo quieren contar (entrevista) You Tube

Bristol C. M. (2016). *El poder está en usted.* Editorial Siglo Veinte.

Burton V. (2016). *Las mujeres exitosas hablan diferente.* Editorial Portavoz.

Chopra D. (2010). *La receta de la felicidad.* Editorial Vintage Random House.

Chopra D. (2019). *Salud perfecta.* Editorial B De Bolsillo

https://www.google.com/search?rlz=1C1SQJL_enPR873PR873&sxsrf=AOaemvLq9T7eFkwkmZfC3B7a1kPlpw9bYw:1631379654435&q=Colombe+Helio+www.helio+colombe+wordpress.com;+es.slidershare.net/helio.giroto/table-ph-de-los-alimentos-alimentacion-alcalina+ProfeDE.es&spell=1&sa=X&ved=2ahUKEwjb9a7msvfyAhX0sDEKHSJrBxkQBSgAegQIARAw

Dilts R. (2013). *Como cambiar creencias con la PNL.* Editorial Sirio.

Dyer W. (2006) *El poder de la intención*. Editorial De Bolsillo

Dyer W. (2006). *Vivir en equilibrio*. Editorial Hay House.

Dyer W. (2010). *Tus zonas erróneas.* Casa Editorial De Bolsillo.

Dyer W. (2017). *La fuerza de creer.* Editorial Penguin Random House.

Emmons A. R. (2016). *El pequeño libro de la gratitud.* Editorial Gaia.

Florence S. (2000). *La palabra es tu varita mágica.* Editorial Tomo, S.A. de Nicolás. San Juan.

Gaviña Gabriel (2013) *Sanar y adelgazar con la dieta alcalina.* Casa Amazon.com Services LLC

González A. (2015). *Las tres fases psicológicas tras recibir un diagnóstico de cáncer.* Recuperado http://ariadnagonzalezsicologa.es

Hay L., Ahlea K. & Heather D. (2015). *Pensamientos y alimentos cuida tu cuerpo.* Editorial Urano.

Lipton B. H. (2017*). La biología de la creencia.* Editorial Palmira.

Lugare M., Grewal P. (2019). *Alimentos geniales.* Editorial Grijalbo Vital Geniales.

Marta Chavarrias (2013) *El pH en los alimentos y la seguridad alimentaria.* https://www.consumer.es/seguridad-alimentaria/el-ph-de-los-alimentos-y-la-seguridad-alimentaria.html

Martin M. (2016). *Cómo construir la autodisciplina.* Editorial Meadows Publishing.

Méndez C. (2017). *El librito azul.* Casa Editorial Giluz /Iztaccíhuatl.

Milland Lis (2018) Lo que la Perdida no te PUEDE QUITAR Lm Editorial Services

Myss C. (2018). *Anatomía del espíritu.* B De Bolsillo Ediciones.

Portella Carlota (2020) *El móvil te vibra, sí, ¿y los alimentos que consumes vibran*?

Carlotaportella.com extraído julio 13 2020

Perazzo C. (2018). *Proyecto de vida.* Amazon.com LLC Kindle

Powell S. (2011). *Alimentación consciente.* Editorial Sirio.

Reginald Cherry (2018) *Secretos de la salud escondidos en la Biblia.*

Editorial Casa Creación.

Riso W. (2015). *Pensar bien, sentirse bien.* Casa Editorial Zenith.

Robert A. Emmons (2016) *El pequeño libro de la gratitud.* Gaia Books una división de Octopus Publishing Group Ltd Carmelite House

Ruiz Piña (2016) *Biomagnetismo médico* https://www.saludterapia.com/articulos.html?u=1097

Sairu Gómez *Salud en el pH de los alimentos.* https://www.scribd.com/document/164311915/ph-de-los-alimentos-1-pdf

Siegel B. (2015). *El arte de la curación.* Casa Editorial Obelisco.

Sociedades Bíblicas Unidas. (1960*). La Biblia Antigua versión de Casiodoro de Reina.*

Stuart W. (1996). 33 *Infinite Self Steps to Reclaiming your Inner Power.* Casa Editorial Hay House.

Tracy B. (2003). *Metas.* Editorial Sapiens.

Tracy B. (2018). *Si lo crees lo creas.* Penguin Random House Editorial.

Turner K. A. (2014). Radical Remission. Editorial Harper One.

Wolk L. (2003). Coaching: el arte de soplar brasas. Editorial Gran Ald.

Anexo

Para la realización de este libro se hizo una encuesta. La misma consta de cinco preguntas hecha a un grupo de 50 personas. De este grupo 35 eran féminas y 15 eran masculinos. A continuación, los hallazgos:

Pregunta	Respuesta	Comentarios
¿Le gustaría recibir orientación de tratamientos y Herramientas ante un Cáncer?	96% - SÍ 4% - NO	
¿Conoce algún especialista que no sea oncólogo que oriente a las personas ante un diagnóstico	76 % - NO 24% - SÍ	Del 76 % que contestaron que no, 26 fueron mujeres y 13 varones.
¿Sabe usted que hacer si a un familiar o a usted le diagnostican cáncer?	60% - NO 40% - SÍ	Del 60% que contestaron que no, 21 mujeres y 9 varones
¿Le interesa desarrollar su potencial humano al máximo?	100% - de los encuestados dijeron que SÍ	
¿Le gustaría conocer las formas para usted ser capaz de enfrentar cualquier situación en su vida?	100% - de los encuestados dijeron que SÍ	

Notas

Notas

Notas

Notas

Notas

Notas

Contraportada

Mary Luz Bruno Pérez realizó un Bachillerato en Educación en Historia y una Maestría en Historia de Puerto Rico y el Caribe. Fue maestra de Historia del Sistema Público de Enseñanza Secundaria por 17 años. En su adultez estudio fotografía, ofreció talleres para estudiantes, y clases privadas de fotografía básica. Se desarrolló con éxito en el campo de los deportes de patinaje de larga distancia, participando en 5k y 10k, ciclismo, y carreras de trail 5k y 10k.

Fue diagnosticada de cáncer de seno en 2017. En el 2018 unos meses después de su diagnóstico de cáncer participó en el medio maratón más famoso del Caribe, San Blas. Ha sido inspiración, motivación y ejemplo a seguir de todo aquel que la conoce. Se distingue por ser una persona que aporta valor a la vida de los demás, positiva, alegre, apasionada, y dinámica. El coaching es su naturaleza innata. Ejerce el coaching desde una visión holística. Su misión de vida actualmente es contribuir al mejoramiento integral de personas, siendo su interés principal los pacientes de cáncer. Actualmente trata su diagnóstico de forma natural y ayuda a sus coachees con consejería de alimentación, enfermedades degenerativas, y estilos de vida saludable.

Para contactar a la autora:

Instagram @Herramientasanteuncancer

Email marybrunoperez@gmail.com